KB043405

얼굴이 뭐라구?

?

얼굴이 뭐라구?

2030 여성을 위한 내 관상 사용설명서

이기선 글 / 김태선 그림

다반

얼굴, 자신의 운명이 바뀌는 곳!

관상학이란 원래 모든 사물의 생김새를 통하여 드러난 사물을 파악하고 분석하는 학문입니다. 그런데 관상의 대상이 주로 사람이기 때문에 흔히 인상학이라고 불리기도 합니다.

그렇다면 사람의 생김새를 통하여 알고자 했던 것은 무엇일까요?

그것은 주로 그 사람의 성격이나 재능, 나아가 부와 명예, 수명 등의 소위 타고난 운명에 관한 것입니다. 이러한 원리는 서양보다는 특히 동양에서 갖고 있는 '인간의 내면이 몸을 통해 외부로 반영된다'는 사상이 반영된 것으로 볼 수 있습니다. 동양에서는 사람에게 나타나는 몸짓이나 그 행동, 나아가 얼굴의 기색을 그 사람의 내면 상태를 드러내 주는 신호일 뿐 아니라, 나아가 운명의 표지로 삼기도 합니다.

얼굴에 관심은 참 많은데, 관상은 너무 어려워

고대 중국 사회에서도 이미 관상을 통한 인재 선발이 있었으며, 춘추전국시대에는 관상을 통해 사람을 파악하는 중요한 수단으로 삼았을 뿐 아니라 그 사람의 길흉을 예측하기 시작하였습니다. 그 후 송대를 거치면서 『마의상법』이라는 관상학의 교과서가 완성되면서 관상학은 체계를 잡기 시작했고, 명과 청대를 거치면서 사람의 심상까지 보는 것을 관상의 범위로 넣으면서 더욱 세련된 운명학의 한 분야로 확실한 자리매김을 하게 됩니다.

우리 한국에서는 관상학이 처음 전래된 시기를 신라 선덕여왕 때로 보고 있는데, 문헌에 의하면 당으로 유학한 승려들이 달마의 관상법을 배워 유명한 사람들의 상을 보고 미래를 점쳤다고 합니다. 그 후 고려말 무학대사가 이성계의 얼굴을 보고 새로운 나라를 세울 것임을 예언했다고 하는데, 이것은 관상의 백미로 전해지고 있습니다.

2013년 9월 송강호, 김혜수 주연의 '관상'이란 영화가 상영된 적이 있었는데, 관객도 913만 명이니 흥행면에서도 성공을 거두었다고 할 수 있겠습니다. 이런 현상에 대해 관상학자의 입장에서 보면 굉장히 반가울 수밖에 없습니다. 그래서 그 시점부터 필자는 '관상' 영화처럼 관상에 대한 특별한 지식이 없어도 쉽게 접근할 만한 책을 쓰고자 했습니다. 시중에 유통되는 관상책은 진부한 이론의 나열이 대부분이어서, 그 한계를 드러내고 또한 사람에게 드러난 관상을 운명처럼 받아들여야 한다는 식의 논조로 일관되는 것이 특징입니다.

관상책에는 뭔놈의 한자와 어려운 용어만 잔뜩 있는지 보기만 해도 머리가 아프다는...

저는 사람의 운명이 성형으로 얼마든지 바뀔 수 있다는 철저한 개운론자입니다. 대다수의 학자들이 성형으로 운명이 바뀌는가에 부정적인 입장을 고수하고 있지만, 그간 수많은 강의와 임상체험을 통해 살펴본 바로는 얼마든지 성형을 통해서 운명이 바뀌는 것임을 확인할 수 있었습니다. 여기서 말하는 성형은 의학적 수술만을 의미하는 것은 결코 아닙니다.

제가 말하는 성형은 기존의 스타일에서 벗어나는 일체의 행위를 일컫습니다. 예를 들면 뚱뚱한 사람이 운동을 통해서 살을 빼거나, 긴 생머리를 가진 사람이 숏커트를 하거나, 짧은 머리에서 파마를 하는 행위, 또는 메이크업을 통한 변화, 웃거나 밝은 표정을 통한 얼굴의 변화 등 모든 것을 포함하는 것을 성형이라는 단어로 표현한 것입니다.

이런 변화를 가지려면 얼마나 많은 노력과 의지가 필요한지 해본 사람들은 다들 잘 알고 있습니다. 그만큼 기존의 방식에서 벗어난다는 것은 자신의 운명을 바꿔 보고자 하는 의지의 발로라고 생각합니다. 그래서 이 책도 하이라이트를 얼굴의 변화를 통한 운명의 개선방안에 초점을 맞추었습니다. 또한 관심과 호기심만 있으면 읽을 수 있도록 쉽게 쓰고자 했습니다. 자신의 운명에 변화를 가져오고 싶은 분들께 조금이나마 도움이 되었으면 합니다.

아주 쉽게 관상을 공부하거나 알 방법은 뭐 없을까?

이 책이 출간되기까지 힘써 주신 다반 출판사 노승현 대표님과 김태선 일러스트 작가님, 비즈콘 박경영 대표님, 관상이라는 학문에 열의를 갖고 임하는 동국대, 서울시립대 평생교육원 학우님들, 그리고 원광대학교 동양학대학원장님이신 류성태 교수님, 정신적 지주이신 백민 교수님, 관상을 잘 가르쳐주신 조항석 교수님, 그 외 모든 분들께도 두 손 모아 감사를 드립니다.

2017년 2월 입춘 즈음에...

이 기 선 두손모음

한자도 없고 어려운 관상 용어도 없는 세상에서 가장 쉬운 관상책이 탄생되다

목차

제3장 내 관상 사용설명서

제1장

얼굴과 관상

관상으로의 여행

관상이 도대체 뭐야?

얼굴은 얼굴이고,
그것을 보고 성격과 운명을
판단하는 게
관상이라는 거잖아?

국어사전 가라사대,
[얼굴] 눈, 코, 입이 있는 머리의 앞면.
[관상] 수명이나 운명 따위와 관련이 있다고
믿는 사람의 생김새 얼굴 모습.
또는 사람의 얼굴을 보고 그의 운명, 성격,
수명 따위를 판단하는 일.
뭐! 얼굴과 관상이란 이런 거지~~~

근데 관상으로 이런 것들을
정말 알 수 있을까?

그건 나도 궁금하긴 한데...
우리가 굳이 관상을 모른다 해도
사람을 보고 저 사람은 어떨 거 같다고
판단하고, 그 판단이 실제 맞는 경우도 많잖아!

우리가 아침에 일어나서 밖으로 나가기 위해서는 어쨌든 세안을 하고 화장을 하고, 옷매무새를 거울로 한 번쯤은 보는 것이 사실입니다. 그러면서 오고가면서 많은 사람들을 접하게 되고, 또한 그러면서 자기 나름대로 그 사람에 대한 감정을 가져 보기도 합니다.

예를 들면 "아! 저 사람은 잘생겼네.", "저 사람은 뭔지 모르게 깐깐해 보이고, 가난한 삶을 살 것 같은데..."라고 하면서 자신의 잣대로 평가를 하기도 합니다.

저 사람은 부티가 나긴 나는데
성격이 너무 까칠해 보이고...
저기 저 사람은 뭔가 끌리게 하는 얼굴이어서
주변에 사람이 많겠네~
이런 판단들도 일종에 관상을 본다는 거지?

그렇지.
그래서 면접 볼 때 사람의 얼굴을 보고
판단하는 경우도 많고,
실제 어떤 회사에서는 관상학자가
면접을 같이 본다는 얘기도 들었는데...

근데 실제 얼굴을 보고 판단할 때
그 사람의 모습이 맞는 경우도 있지만,
알고 보면 다른 경우도 많잖아.

하지만 어르신들은
얼굴만 보고도 사람에 대해 많은 것을 알고
신기하게도 대부분 정확하더라고.
관상이든 뭐든 연륜은 역시 무시할 수 없어!

하지만 얼굴을 통해서 판단하는 그 평가가 맞는 경우도 있고, 때론 느낌과는 전혀 딴판으로 흘러가기도 하여 당황스러운 경우도 있습니다.

왜 맞고 왜 틀리는 것일까요?

그리고 젊은 사람보다는 나이가 든 사람들이 더 잘 맞출 확률이 있는 이유는 무엇일까요?

바로 경험의 차이입니다. 나이가 든 사람들은 생활하면서 많은 경험을 하게 되고, 그것이 바로 사람들과의 관계 속에서 벌어지는 것이기에 결과가 좋은 경우와 나쁜 경우를 구분하게 될 줄 아는 능력이 자연스럽게 생깁니다. 그 구분하는 능력 중에 하나가 바로 사람의 얼굴과 행동을 보면서 판단하는 관상이라는 것입니다.

관상의 시작

그럼 사주팔자가 일종의 통계학인 것처럼
관상도 기나긴 역사 속에서 그 경험치들이
모여 만들어진 일종의 결과물이겠네~

아마도 그러지 않을까?
얼굴의 모양을 통해 성격과
운명을 판단할 수 있는 것도
바로 수많은 시간과 축적된
데이터들이 있었기에
가능했겠지!

그럼 사람들은
언제부터 이렇게 사람의 얼굴을 보고
운명과 성격을 판단했을까?

나야 모르지.
뭐, 그 정도는 검색하면 바로 나오니
궁금하면 바로 검색해 보던가.

관상이라는 것은 말 그대로 얼굴뿐 아니라 행동까지 아주 자세히 살피는 것을 말합니다. 그렇기 때문에 이러한 경험치가 쌓이려면 일정 시간이 지나야 하는 것이고, 이런 경험치가 쌓여 하나의 학문이 된 것이 바로 관상학입니다.

특히 얼굴에 인간의 삶이 많이 녹아 있다고 보는 관상학은 그 기원이 중국에서 시작되는데, 시기적으로는 정확하지는 않지만 대략 하, 은, 주라 불리는 고대시기로 봅니다. 이 시기는 기원전이니 지금으로부터 대략 3000년 이전으로 보면 됩니다.

문헌에 의하면 이때부터 군주가 인재를 선발할 때, 소위 신언서판(신수, 말씨, 글씨, 판단력)으로 그 사람의 생긴 모습, 안색과 언어 등을 심사한 후 채용했다는 기록이 있습니다. 이것으로 볼 때 사람의 얼굴이 인재를 뽑는 하나의 중요한 방법이 되었다는 것을 알 수 있습니다. 요즘에도 이 방법은 면접이라는 용어로 그대로 전해져서 학교의 진학이나 기업에서 인재를 채용할 때 꼭 들어가는 항목 중에 하나가 되었습니다.

사실 관상에 좀 관심이 많긴 많은데...
책을 봐도 인터넷을 뒤져도 용어도 내용도
너무나도 어렵고 어려워서 난 포기!

하긴 관상이라고만 하면
일단 알 수 없는 용어와 한자만 보이긴 하더라.
도대체 뭔 말인지 통 알 수가 없다니까.
왜? 쉬운 관상책을 안 만드는 거야!

그냥 내 기준으로
잘생기고 예쁘면 좋은 거고,
못생기면 나쁜 것으로
난 그냥 판단하려고...흐흐

나 또는 남의 운명과 성격을 보는 게 관상이라는데,
너무 주관적으로 쉽게 보면 안 되는 거 아냐?
관상을 좀 더 쉽게 접근할 뭔가가 있으면 참 좋을 텐데...

레쓰—고····

누···구··?

나만 믿고 따라들 오시게!
뭣이 중한지, 그래도 알 건 알아야지.
얼굴은 그 사람이 살아온 과거와 현재,
그리고 앞으로의 운명이 투영되어 있는 얼이 담긴 그릇이라고!

　일반적으로 사람들은 다른 사람의 얼굴을 볼 때 잘생겼나 못생겼나를 이미 마음속으로 판단합니다. 여기서 마음속으로 결정되었다는 것은 상대방의 얼굴을 평가하는 것이 어디까지나 주관적이라는 것을 의미합니다. 객관적이지 못한 이유는 사람마다 자기만의 보는 방법이 있기 때문이고, 잘생기고 못생기고의 객관적 기준이 마련되지 않았기 때문입니다. 그래서 얼굴에 대한 객관적 기준이 필요했고, 그것을 제시해 놓은 학문이 바로 관상학입니다.

　우리는 관상학이 제시하는 기준을 기초로 해서, 자칫 왜곡될 수 있는 나와 남의 운명을 조심스럽게 판단해 가야 합니다. 얼굴은 그 사람이 살아온 과거와 현재, 그리고 앞으로의 운명이 투영되어 있는 곳으로 바로 얼이 담긴 그릇이기 때문입니다. 얼굴을 통해 드러나는 운명의 함수관계를 앞으로 최대한 쉽게 살펴보도록 하겠습니다.

얼굴로 뭘 알 수 있지?
얼굴을 삼등분해서 보기

A형, B형, O형, AB형!
혈액형으로도 성격은
대충 맞던데.
관상도 딱 이렇게
정해져서 보면
참 편할 텐데...

그러게 혈액형도
혈액형이지만
한의학에서처럼
태양인, 태음인, 소양인,
소음인 이렇게 구분 지을
수 있으면 얼마나 좋아!

A형. B형. O형. AB형!

얼큰•••

꾘•••?

• 이마가 발달한 역삼각형

• 둥근 모양의 계란형

• 턱이 발달한 사각형

그러고 보면,
얼굴도 크게는 저렇게 3개로 구분해서
전체적으로 파악할 수 있지 않을까?
저 3가지 유형만 알아도
대충 될 것 같긴 한데 말이지!

맞아!
세밀하게는 달라도
저렇게 3가지 유형으로
사람의 얼굴을 나눌 수는 있을 듯!

사람을 판단할 때 혈액형 또는 한의학의 사상체질로 구분하는 것처럼 관상학에서도 기본적으로 사람을 보는 방법이 있습니다. 이것은 이마부터 눈, 코, 입, 턱 등의 모양을 살피는 것이 아니고, 멀리서 보았을 때 그 사람의 어느 부위가 가장 발달했는가를 살피는 방법입니다. 즉 얼굴을 상중하 세 등분으로 나누어서 보는 방법입니다.

　예를 들면 이마가 발달해서 모양이 역삼각형인지, 아니면 계란을 닮은 둥근 모양인지, 또 턱이 발달한 사각형 모양인지를 구분하는 것입니다. 관상학에서는 이런 방법을 가리켜서 삼정에 의한 관상법이라고 합니다. 삼정은 이마가 중심인 상정, 코가 중심인 중정, 턱이 중심인 하정 이렇게 구분을 합니다.

얼굴로 뭘 알 수 있지?
이마가 말해 주는 초년운

> 뭐야!
> 얼굴을 세 가지로 분류해서
> 보면 된다고~
> 그럼 정말 쉽긴 쉬운데,
> 너무 세밀하지 못한 거 아닌가!

기본적으로 크게 보면 그렇다는 거겠지!
얼굴에는 눈, 코, 입 등
정말 다양한 부위가 존재하는데
설마 얼굴형으로만 관상이
끝나는 건 아니겠지~

● 이마가 발달한 역삼각형

머리가 시작되는 부위부터 눈썹
바로 위인 이마가 발달한 나!
30세 이전의 안정된 삶!
한마디로 초년운이 아주 좋다는 말씀~

얼굴을 삼등분해서 볼 때
이마가 크고 보기 좋으면,
일단 30세까지의 운은 좋다는 거네~

음...아쉽다, 아쉬워!
미리 알았더라면
어떻게든 이마를 넓힐걸.
뭐 마땅한 방법은 없지만서도...

먼저 이마를 중심으로 상정이 발달한 사랑을 살펴보겠습니다. 상정은 머리 카락이 시작되는 부위부터 눈썹 바로 위의 부분입니다. 쉽게 이마 전체라고 보면 됩니다.

이렇게 이마가 발달하면 자연스럽게 얼굴 모양은 역삼각형이 될 가능성이 많습니다. 이마는 인생에서 초년의 운을 관장하는데, 이마가 발달했다는 것은 30세 이전 즉, 초년의 운이 좋다는 것을 의미합니다.

초년의 운이 좋다는 것은
곧 부모님의 복을 많이 받았다는!
금수저까지는 아니더라도
적어도 은수저 이상인 나~

ㅋㅋㅋ•••••••

← 은。

* 이마가 발달한 역삼각형

뭥미!
이마가 내 수저의 가치를?
넌 좀 이마가 작아 보이는데...

켁! 거울을 보고 보고 또 보아도
난 흙수저인 게 명확한 듯.
그래도 흙수저의 저력을
보여 줄 테다!

불끈.

그럼 초년운이 좋다는 것은 무슨 뜻일까요?

우리가 30세 이전에 주로 경험하는 것을 생각해 보면 이해하기 쉽습니다. 우선 누구나가 학창시절을 보내게 되는데, 그 학창시절이 고등학교에서 끝나는 경우도 있고 외국 유학이나 아니면 대학원 진학을 통해 30세 무렵까지도 가게 됩니다. 물론 개인적으로 그 시차는 있지만, 이 시절이 좋다는 것은 학교 공부를 하는 데 있어 별 장애가 없다는 것을 의미합니다. 그렇다고 본인 이마가 발달하지 않았다고 너무 실망하지는 말기 바랍니다. 요즘에는 기본적인 교육 시스템이 갖춰져서 얼마든지 의지만 있다면 공부할 수 있는 환경이 조성되어 있습니다.

[장점]

즉, 이마가 발달한 사람을 보면 "아! 저 사람은 공부하는 환경이 괜찮았고, 부모님의 능력도 있겠구나."라고 생각하면 됩니다. 하지만 동전의 양면처럼 무조건 좋다고만 할 수는 없습니다.

[단점]

이런 사람들의 치명적 약점은 주로 어린 시절 사랑을 받는 좋은 환경에서 살다 보니 자신의 의지가 다소 약할 수 있으며, 체력 또한 약하여 타인에게 기대는 삶을 살 수 있다는 것입니다.

얼굴로 뭘 알 수 있지?
눈과 코, 서른 이후 내 길은 내가 간다

초년운이야 내 운보다는
부모님의 영향을 많이 받는 법!
내가 선택할 수 없으니 일단 패스~

그러게,
금수저든 흙수저든 자신의 상황을 받아들여야지!
그럼, 이제 슬슬 초년을 지난 진짜 내 운을 볼까나!

코와 눈이 발달한 계란형의 나!
서른이 지났으니 이제 내 길은 내가 만든다~
나의 결단력과 실천력을 보라고!

그러니까 얼굴을 삼등분했을 때
눈썹부터 코는 30대~40대의
운을 알 수 있다는 거군!
인생의 하이라이트가 바로 이 나잇대이니,
눈, 코 관리에 집중해야지~

지금은 100세 시대!
서른 잔치가 끝난 지금부터가
진짜 시작이라고~
역시 사랑은 자고로
눈과 코가 예뻐야 되는 법...

다음으로 눈과 코를 중심으로 중정이 발달한 사람의 특징을 살펴보겠습니다. 눈과 코는 얼굴의 중심이 되는 부위니만큼 눈과 코가 발달했다는 것은 일단 자신의 운명을 주체적으로 산다는 것을 의미합니다.

인생에 있어 그런 나이로는 대략 30~40대 되어야 하듯이, 눈과 코는 바로 인생의 하이라이트가 되는 시기의 운을 알려 줍니다. 이 시기는 결혼도 해서 가정을 꾸미고, 명예나 재물에 대한 욕망을 펼치는 시기이기 때문입니다.

특히 이마보다 이 부위가 발달된 사람은 결혼을 다소 늦게 할 수도 있습니다. 운이 조금 늦게 발동이 걸린다고 보면 됩니다.

그렇기 때문에 눈과 코가 발달한 사람들은 인생의 중반기가 잘 나간다고 보면 됩니다. 다만 이마에서 얼마나 많이 도와주는가의 여부에 따라 남의 도움이 있었는가 아니면 자수성가를 했는지가 결정되게 됩니다.

  눈과 코에 관해서는 뒤에서 아주 자세히 언급되었지만, 뭐든지 등급은 있습니다. 즉 예쁜 눈과 예쁜 코가 있다는 것입니다. 예쁜 눈과 코를 쉽게 아는 방법에는 주위에서 그 나잇대에 잘나가는 사람을 보면 됩니다. 그 사람은 관상학적으로 예쁜 눈과 예쁜 코를 가진 것으로 보아도 무방합니다.

  또한 눈과 코가 중심이 되는 중정은 주로 그 사람의 결단력이나 실천력 등을 판단하는 자리입니다. 따라서 이 부위가 발달한 사람은 매사 적극적이면서 일에 대한 결과를 중시하기도 합니다. 참고로 눈과 코가 발달한 사람들의 얼굴 모양은 계란형에 가까운 모양이 될 가능성이 많습니다.

얼굴로 뭘 알 수 있지?
턱이 말해 주는 말년복

너 이 말 혹시 들어 봤어?
사람은 말년복이 있어야 한다는 거!
아무리 잘나갔던 사람도
말년이 초라한 경우가
정말 허다하다고~

지금도 헉헉거리며 사는데,
말년까지 생각하기에는 좀 버거운데.
그냥 말년에는 더 행복하다고
생각해야지, 뭐!

턱이 커야 얼굴에 안정감이 있는 거 아니겠어!
마음 씀씀이가 넉넉하고 아랫사람의 존경을 받으니,
말년이 어찌 불행하리오!

한번 거울을 볼까나?
어째 내 턱은 그런 턱이 아닌 듯한데.
아! 내 말년이 좀 걱정이 되는데~

그래도 넌 갸름해서 얼굴이 작아 보이잖아!
그냥 그거에 만족하는 게 어때~
말년의 복은 나만 갖는 걸로...

마지막으로 턱을 중심으로 하정(하관이라고도 불림)이 발달한 사람의 특징을 살펴보겠습니다. 턱은 얼굴의 모양을 완성시키는 부위로 턱이 크면 얼굴이 안정돼 보이고, 턱이 갸름하면 얼굴이 불안한 모양을 띠게 됩니다. 이처럼 턱은 얼굴의 완성점이자 인생의 완성점에 해당합니다. 인생의 완성점이 턱이기 때문에 턱은 복스럽게 살집이 있고 안정된 모습을 가진 것이 좋습니다.

인생으로 보면 말년에 해당하는 시기는 주로 자식들이 활발한 활동을 하는 시기가 됩니다. 그렇기 때문에 턱이 발달한 사람들은 자식과 또는 그 동급으로 볼 수 있는 아랫사람과의 관계를 살피는 데 중요한 정보를 제공합니다. 아랫사람과의 관계가 좋다는 것은 내가 그 사람들과 교감이 잘되고 소통이 잘되는 것을 뜻합니다. 넉넉한 턱을 가진 사람은 남에게 많은 것을 베풀고 존경받을 만한 일을 많이 하기 때문에 말년의 운이 상당히 좋다는 것을 객관적으로 알 수 있습니다.

턱이 발달한 사람들은 이마가 좁을 가능성이 많은데, 이마는 앞에서도 언급했듯이 인생의 초년운을 관장합니다. 이마가 좁다는 것은 초년에 고생을 많이 했을 가능성이 있고, 그렇기 때문에 훗날 오히려 남에게 베푸는 것을 잘할 수 있습니다. 그리고 턱이 발달한 사람들이 갖고 있는 최대 장점은 단순하면서 담백한 성격과 동시에 이거다 싶으면 밀어붙이는 추진력이 아주 뛰어나다는 겁니다.

 사람이나 동물이나 각각의 고유한 생김새라는 것이 있습니다. 그 생김새의 좋고 나쁨의 기준이 명확한 것은 아니지만, 기본적으로 얼굴도 그 부위를 세 등분해서 보는 방법이 있다는 것을 알면 내 얼굴뿐 아니라 남의 얼굴을 보고 운명을 파악하는 데 많은 도움이 되리라 봅니다.

제2장

내 얼굴, 네 얼굴

이마
내 운명의 시작

뭐야!
이마가 내 운명의 시작이라구.
이건 또 뭔 소리야...

얼굴에서 처음 시작하는 곳이 이마이니,
그냥 그러는 거 아닐까?
얼굴 그릴 때 일단 이마 부분부터
그리는 것과 마찬가지니, 운명도 그런 것은 아닐까?
실제로 관상에서 이마는 초년운을 본다고
아까 봤잖아!

잘나가는 부모님의 운을
고스란히 받은 나는 교양인!

초년운이라...
언제까지가 초년이라는 걸까?
그거 궁금하네...
이왕 이렇게 긴 이마를 가졌으니,
초년도 길었으면 참 좋겠는데...

초년운은 30세 전후까지라고 했잖아.
그럼 이마만 크면 다 되는 건가?
그 외에 뭔가 있을 듯한데!

크고 넓고 아름다운 이마를 가진 나~
부귀영화를 누릴 자격이 충분하다고!

휘~~~언...

헛!

요런 이마를 글로 표현하면
이마가 큰 것은 세로! 이마가 넓은 것은 가로!
이마가 아름답다는 것은 점이나 상처, 주름살이 없다는 것!

관상에서 이마는 머리털이 시작되는 경계에서 눈썹 바로 위까지의 공간을 의미합니다. 이마가 얼굴에서 차지하는 비율에 따라서 얼굴의 생김새가 결정됩니다. 무슨 말인가 하면 이마가 얼굴에서 차지하는 비율이 높으면 자연스럽게 얼굴의 모양이 역삼각형으로 될 가능성이 많고, 반대로 비율이 낮으면 턱의 비중이 커지게 되어 얼굴 모양은 사각형으로 될 가능성이 많습니다.

이마는 관상에서 그 사람의 초년운(30세 이전)과 명예에 관한 사항을 점검할 때 주로 살피는 부위입니다. 30세 이전의 운이라고 하면 주로 학업과 취업, 그리고 결혼 등을 볼 수 있다는 것입니다. 그래서 여자에게 있어서 이마는 일단 크고 봐야 합니다. 그리고 넓어야 하며, 아름다워야 합니다. 이마가 큰 것은 세로 중심이고, 넓다는 것은 가로중심이며, 아름답다는 것은 점이나 상처 주름살이 없다는 것을 의미합니다. 이런 이마를 가진 사람이라면 부귀영화를 누릴 가능성이 높습니다.

이렇게 좋은 이마를 가지고 있다면 부모님의 좋은 운을 물려받아서 내가 하고 싶은 공부를 구애받지 않고 할 수 있으며, 손윗사람의 혜택도 많이 받게 됩니다. 그러다 보니 상대적으로 노블레스한 삶을 살고 문화적 혜택도 많이 누리게 되어 자연스럽게 교양 있는 삶을 살게 됩니다. 교양이라는 것은 하루아침에 쌓아지지 않습니다. 주변의 환경이 만드는 것입니다. 그래서 사람의 교양 여부를 살필 때는 이마를 주로 보는 것입니다. 그 사람의 학창시절은 인성이 만들어지고 쌓이는 기간이므로 이마의 상태로 그 사람의 학창시절도 지레짐작할 수 있습니다. 그만큼 이마는 우리에게 비로소 삶의 출발을 알려주는 부위라는 것을 되새겨야 합니다.

이마
여자의 행복은 여기서부터

초년운이 좋으면 뭐 좋지만...
갑자기 여자의 행복은
이마에서부러라니.
이건 좀 뜬금포 아냐!

에이~ 모르는 말씀.
초년운보다 더 좋은 뭔가가
있다고!
이마는 곧 남편의 운과
밀접한 연관이 있다나
뭐라나~

부모복에 잘나가는 남편까지~
나보다 행복한 여자는 없을걸...

• 크고 넓은 이마

잘나가는 부모님에 잘나가는 남편까지.
그래서 여자는 이마가 매우 중요하다고...
그렇다면 어디 이마를 더 크게 할 묘수는 없나...

남자는 각이지•…

특히 여자에게는 이마가 중요한 것이 남편의 운을 좌우하기도 합니다. 남자는 사각형의 얼굴도 괜찮지만, 여자는 가급적 이마의 비중이 큰 것이 오히려 낫습니다. 왜냐하면 이마의 비중이 크다는 것은 어린 시절 부모의 영향이 컸다는 뜻이고, 또한 남편의 영향력이 있다는 겁니다. 영향력이 있다는 것은 나름 부모님이나 남편이 잘나간다는 것을 의미합니다. 그래서 여자의 이마가 크고 넓고 아름다우면 초년운에 더해서 남편운까지 있어 인생의 큰 어려움이 그리 많지 않습니다.

모양과 운명의 묘한 관계

내 이마는 어떻게 생겼지?
일단 머리를 쫘악 올리고 거울이나 좀 볼까!
근데 어떤 이마가 복덩이 이마일까?

크면 좋다고 하니 그게 복덩이 이마 아니겠어!
근데 이마 모양에 따라 성격도 보고
운명도 볼 수 있다는 말도 있더라~

• 둥근 이마

신사임당이 따로 없다네!
바로 내가...

• 사각형 이마

내 몸에는 남성성이 많은가 봐!
집은 답답해, 답답해...

둥근 이마를 가진 사람은 감수성이 풍부하고 여성성이 강하지만,
각진 이마를 가진 사람은 이성적이고 남성의 기질이 많다는 뜻!

우선 여성형 이마라고 할 수 있는 둥근 모양의 이마를 살펴보겠습니다. 둥근 이마는 말 그대로 이마가 둥글게 생긴 것을 말하는데, 이런 이마의 소유자는 감수성이 풍부하고 여성다운 표현력이 풍부합니다. 가정을 소중히 생각하면서 남편을 존경하고, 아이들 양육도 신경을 쓰는 타입으로 조선시대 신사임당을 연상하면 될 것 같습니다.

이에 비해 이마의 모양이 각진 사각형의 모양을 하고 있는 여성이라면, 다소 남성적인 기질이 있다고 볼 수 있습니다. 감성주의보다는 이성주의이면서, 얼굴에 자신의 감정을 잘 드러내지 않는 편입니다. 상황에 따른 판단력이 뛰어나기 때문에 집에 있는 것보다는 사회활동을 하는 것이 더 나을 수 있습니다.

어, 난 짱구인 것 같은데.
짱구인 사람은 똑똑하다는데
그거 사실이야~

옛말에 틀린 거 하나 없더라.
그냥 똑똑하다고 믿어!
원래 좋은 얘기는 그냥 믿고
나쁜 얘기는 흘리는 법~

● 튀어나온 이마

저건 뭐지? 이건 뭘까?
호기심이 무척 강한 나!

● 꼭지형 이마

나 건들지 마!
미안한데, 감정 기복이
좀 심하거든~

짱구인 사람이 똑똑하다는 것은
바로 호기심이 많아 알고자
하는 것이 많기 때문이지.
그러니 똑똑한 거겠지.

근데, 그거 말고 꼭지형 머리를
가진 사람은 감정의 기복이 심하고
결벽증이 좀 있으며, 반항기가 심하다니
주의해야 한대.

머리카락을 위로 든 상태에서 이마의 모양을 살펴보면 튀어나온 이마가 있습니다. 우리는 이런 이마를 흔히 짱구이마라고도 부르는데, 이런 이마를 가진 사람은 우선 호기심이 굉장히 강하고 남다른 직감력과 학업에 대한 열의가 있습니다. 또한 매사 적극적인 성향이 있어 간혹 윗사람과 의견충돌이 있을 수 있고, 쉽게 물러서지 않다 보니 다른 사람의 견제를 받기도 한답니다. 이런 적극적인 행동은 연애나 결혼 생활에도 다소 불리한 면이 있습니다.

그리고 꼭지형 이마라는 것이 있습니다. 꼭지형 이마는 머리카락을 위로 올렸을 때 머리카락이 난 부위의 중앙이 다소 밑으로 내려와 있는 것을 말하는데, 이런 이마의 여성은 감정의 기복이 있을 수 있으며 결벽증이 있어 특히 남자관계가 안 좋을 수 있습니다. 경우에 따라서 반항심도 많기 때문에 직업적으로는 미용사, 작가, 화가 등 혼자 할 수 있는 직업이 어울리는 편입니다.

이런 꼭지형 이마에서 더 발전된 이마가 머리카락이 시작되는 부분이 들쭉날쭉한 이마입니다. 이런 이마의 소유자는 초년의 운이 막히는 경우가 많으며, 애정관계가 복잡하거나 남자에 대한 만족이 약할 수 있습니다. 결혼생활에는 상당히 불리한 이마의 상을 가졌다고 할 수 있습니다.

하여간, 이마는 여성에게 있어 특히 비중이 있는 관상 부위로서 주로 20~30대 운명을 좌우합니다. 20~30대는 학업과 취업, 그리고 결혼이라는 중대한 일들이 벌어지는 연령대이니 이마의 좋고 나쁨은 곧 20~30대의 운명에 직결된다고 보면 됩니다. 여성이 아름다운 이마를 가졌다면 학업과 취업 그리고 결혼이 순탄할 것이고, 그렇지 못하면 그만큼 고생을 많이 할 수 있습니다.

눈썹
인기와 고독 사이

눈썹 화장할 때
왜 이리도 신경이 쓰일까?
좀 귀찮은데...

눈을 예쁘게 보이는 역할이
눈썹이니, 당연하지!
연예인 중에 눈썹이
못생긴 사람 봤음?

눈썹은 주변 사람과의 관계와
인기의 척도를 나타낸다고 하니
인기를 얻고 싶은 자연스러운 욕망의 표출이겠지.

인기의 화신

• 긴 눈썹

고독이여...
나에게 오라.

• 짧은 눈썹

긴 눈썹을 가진 사람은 인기가 많지만,
짧은 눈썹을 가진 사람은 고독한 운명으로
남편운도 약해 독수공방할 수도 있다나 뭐라나.
오늘부터는 눈썹을 좀 길게 그려 볼까나...

관상학적으로 눈썹은 형제나 친구의 운을 보는 자리이기도 하면서, 동시에 그 사람의 활동력이나 인기를 볼 때 꼭 보는 곳입니다. 그래서 눈을 완전히 덮은 긴 눈썹을 가진 사람은 잔정이 많고, 다정다감하여 주변에 사람이 많이 몰리지만, 짧은 눈썹을 가진 사람은 무뚝뚝하면서 자기만 생각하고 다소 꽉 막힌 경우가 많아 주변에 사람이 많이 없고 고독한 경우가 많습니다.

　조금 더 살펴보면 활처럼 눈썹이 생겨서 눈을 잘 보호하고 있는 경우라면, 주변에서 인기가 있고 많은 사랑을 받는 사람일 확률이 높습니다.

　또한 여자에게서 많이 볼 수 있는 초승달 눈썹은 감성이 풍부하고 마음이 고우며, 섬세하고 주변을 배려할 줄 아는 사람이니 더 좋은 눈썹이라고 할 수 있습니다.

　그리고 눈썹이 중간에 끊기면 형제나 자매 사이가 좋지 않거나, 내 건강에도 문제가 있을 수 있으니 이런 경우라면 얼른 끊어진 부위를 연결해야 합니다.

눈썹
성격이 보이네 보여

뭣이야?

이눔의 성격이...

순하디순해서
가정만 안다고요.

• 부드러운 눈썹

뭐 말도 안 통하고
승부욕만 강해서리.

• 뻣뻣한 눈썹

• 진한 눈썹

오지랖에
마당발이지만
실속은 글쎄.

• 옅은 눈썹

에휴,
갈 곳도 친구도 없고.
그냥 집에서, 쩝.

• 올라간 눈썹

항상 당당한
죽지 않는 잡초라네.

• 내려간 눈썹

움직임은 별로 없지만
제갈공명이 따로 없다네.

눈썹은 인체에서 나는 털이니만큼 자연에서의 초목과 같다고 봅니다. 초목은 말 그대로 풀과 나무이니 부드러우면서도 윤택해야 하고, 때론 하늘을 향하는 것처럼 힘이 있어야 합니다. 그리고 서 있는 모습이 마치 기러기 떼가 하늘을 날아가는 듯이 한 방향으로 질서정연하게 나아가는 모습이면 아주 좋은 눈썹입니다. 그리고 여자보다는 남자가 더 다양한 눈썹의 모양이 나타나기 때문에 눈썹으로는 남자의 성격을 파악하는 데 매우 용이합니다. 눈썹의 모양에 따라 간단하게 성격을 진단해 보도록 하겠습니다.

첫째로 눈썹의 부드러움에 따른 차이입니다. 난초처럼 부드러운 눈썹을 가진 사람이면, 성격도 순하고 가정적인 타입입니다. 하지만 이와 반대로 뻣뻣한 눈썹의 남자라면, 승부욕이 매우 강하고 소통에 문제가 있어 대화가 원만히 이루어지지 않을 수 있습니다. 이성이 이런 눈썹을 가지고 있다면 서로 커뮤니케이션 문제가 발생할 확률이 높습니다.

둘째, 눈썹의 농도에 따라 성격의 차이를 보입니다. 눈썹이 진하면 오지랖이 넓고 마당발이어서 이곳저곳 갈 곳이 많습니다. 무척 바쁘게 움직이는 타입이지만 그럼에도 생각만큼 이익은 크지 않을 수 있고 때론 앞뒤가 꽉 막혀서 대화가 잘 안 될 수 있답니다. 반대로 눈썹이 옅으면 갈 곳이 별로 없고, 친구도 많지 않아서 활동성이 매우 많이 떨어지는 타입입니다. 그래서 집에서 조용히 자기만의 시간을 보내는 경우가 많을 수 있습니다.

셋째, 눈썹의 방향이 올라갔는가 아니면 내려오는가에 따라 성격을 어느 정도 판단할 수 있습니다. 올라간 눈썹은 성격이 당당하고 매사 적극적이어서 때로는 사납게 느껴질 수도 있습니다. 아무리 어려운 시련이 닥쳐도 헤쳐 나가는 기질이 있어 이런 눈썹은 활동성이 강한 직업군을 가진 사람에게서 많이 나타나게 됩니다. 운동선수나 군인과 경찰, 법조계 등에서 많이 두드러집니다. 반면 내려온 눈썹은 부드럽고 생각이 많으며 지혜가 있습니다. 활동력이 상대적으로 약해서 학자나 교사 등에서 많이 나타납니다.

눈썹

난 미련할까?

이런...

미련한 X 같으니.

뭐라고?

바보 같은 사람을 미련하다고 하는데,
왜 그런지 아는 사람 손들어 보삼!
미련眉連이라는 것은 한자로 보면
눈썹 미, 이을 련으로 눈썹이 이어졌다는
뜻인데 왜 멍청하다는 거지.

눈썹은 풀과 나무처럼 부드러우면서 윤기가 있어야 하고, 그 간격이 적당히 있어야 합니다. 그런데 너무 촘촘하게 붙어 있다 못해 아예 눈썹이 서로 맞닿아 있다면 어떨까요? 관상에서는 이런 경우 그야말로 미련한 사람이라고 하여 좋지 않게 평가를 합니다.

눈썹과 눈썹 사이는 그 사람의 학업운이나 명예운을 판단하는 중요한 근거로 삼는데, 만약 이곳이 눈썹에 의해 침범을 당했다면 지능이 떨어짐은 물론이고 마음 씀씀이를 기대할 수 없기 때문입니다. 만약 이런 눈썹을 가진 사람과 연애중이거나 같이 살고 있다면 제모를 해서라도 공간을 확보해야 합니다. 미련한 사람과 같이 산다는 것은 참으로 불행한 일일 수 있겠지요? 그럼 조금 눈썹의 모양으로 성격을 더 자세히 들여다보겠습니다.

눈썹의 모양이 칼처럼 끝이
날카로운 형태를 가진 눈썹으로,
지혜가 있고 건강한 몸을 가진 상입니다.

• 검도미

• 사자미

사자의 눈썹과 비슷하다고 붙여진
이름인데, 사자와 같이 세상을
호령하는 인물이 될 상입니다.

초생달과 같은 모양의 눈썹으로
감수성이 풍부하여
다소 여성성이 강합니다.

• 신월미

일자눈썹으로 실천력이 강하고
한 가지 일에 몰입을 잘하는
성향이 있습니다.

• 일자미

버드나무 잎처럼
인자한 성격이며, 지혜가 있어서
타인에게 호감을 주는 상입니다.

• 유엽미

활처럼 눈썹이 끝에서 휘어져
내려온 눈썹으로, 주변사람과의 관계가
좋고 섬세한 성격의 소유자입니다.

• 궁미

눈

내 정신은 멀쩡?

어라!
눈이 마음의 창이라고...
내 맘을 함 읽어 보시지~

거울을 보면 거울에 비친 모든 것을
볼 수 있는 것은 당연한 이치.
그런데 눈이 바로 나의 거울이라고.
내 눈에 힘을 팍 주고 윤기를 주면
나를 보는 시선도 많이 달라질라나.

얼굴도 맘도 이리 이쁠 수가.
어찌 날 싫어하리오!

• 초롱초롱한 눈빛

멘붕~
마음속에 큰 장애물을 어찌할꼬!

• 퀭한 눈빛

답답함을 감추고 싶어도 눈빛에서는 다 드러나다니.
지금의 내 눈이 초롱초롱 빛나면 생기가 있어
주변에 사람이 많은 것은 당연.
하지만 눈이 퀭하고 힘이 없다면 상대방이 경계를~

눈을 우리는 흔히 마음의 창이라고 합니다.

왜 그럴까요?

단순히 시적인 은유법이 아니라 실제로 관상에서는 눈을 통해 그 사람의 정신 상태를 판단하는 근거로 삼습니다. 눈은 우리 마음을 드러내는 거울과 같아서 관상에서 차지하는 비중이 아주 크다고 할 수 있습니다. 내 마음과 정신 상태를 판단하는 근거가 될 수 있기 때문에 눈을 아주 잘 관리하는 것은 매우 중요합니다.

거기에 덧붙여 눈을 통해 그 사람의 재물 상태를 볼 수 있습니다. 일반적으로 코를 재물의 크기를 말할 때 많이 거론하나, 실제로는 눈이 더 중요한 역할을 합니다. 무슨 소리인가 하면, 코는 컴퓨터로 보면 하드웨어에 해당하고 눈은 바로 이 하드웨어를 작동시키는 소프트웨어 같은 역할을 합니다. 따라서 하드웨어가 아무리 크고 좋아도, 소프트웨어가 이를 뒷받침하지 못하면 무용지물인 셈입니다.

눈

재물과 성격을 파헤치다

일단, 뭐니뭐니 해도
눈은 커야 최고지~

아닌데!
관상에서는 큰 눈을 그렇게 좋게
보는 것 같지 않다고.
그거 참 이상하지.
눈이 커야 얼굴도 예쁘고 복도
많이 들어오는 거 아니었나. 쩝.

• 큰 눈   • 작은 눈

열정이여...   **V.S**   날카로운 관찰력...
나를 따르라!   나를 믿고 또 믿으라고!

큰 눈을 가진 사람은 매사에 적극적이고 열정적인 기분파.
작은 눈을 가진 사람은 감정을 잘 드러내지 않고 뛰어난 관찰력의 소유자.
근데 큰 눈이 뭐가 나쁘다는 거지?
이건 성격의 차이일 뿐인데 왜 작은 눈에 더 높은 점수를 주지?

아름다운 눈의 기준은 관상학에서는 이렇게 본답니다. 우선 눈이 가늘고 길며 눈동자의 흑백이 분명하며, 눈에서 빛이 나야 합니다. 부처님의 눈이 바로 이런 눈이죠. 큰 눈이 좋은 것으로 알려져 있지만 이건 착각이랍니다. 눈은 우리 몸에서 정기가 모여 있는 곳이기에 눈이라는 창이 너무 크면 내 마음속의 정기가 쉽게 빠져 나갈 수도 있습니다. 그래서 큰 눈보다는 작고 가는 눈이 관상학에서는 더 높은 점수를 줍니다.

　그럼 눈과 관련하여 조금 더 자세한 특징들을 조금 더 살펴보겠습니다. 이전에 잠시 언급했지만 큰 눈의 사람은 성격이 적극적이고 개방적이고, 매사 열정적입니다. 다만 너무 빨리 달아오르다 보니 금세 식어버리는 기질이 있습니다. 한마디로 순발력이 뛰어난 기분파라고 보면 됩니다. 반면, 작은 눈의 사람은 자신의 감정을 잘 드러내지 않습니다. 그래서 남들이 보면 내성적이고, 소극적인 인상을 주게 됩니다. 그러나 작은 눈의 사람은 인내심이 강하고, 관찰력이 아주 뛰어나서 무슨 일을 맡겨도 아주 안심할 수 있답니다.

　다음으로 눈의 크기가 아니라 눈의 모양에 대한 이야기입니다. 눈이 위로 올라
간 사람은 일을 똑소리 나게 잘하면서, 승부욕도 상당히 강한 사람입니다. 성
격은 다소 급한 면이 있고, 경우에 따라서는 이런 특성 때문에 다른 사람들
과 마찰을 빚기도 합니다. 그리고 눈이 아래로 쳐진 사람은 대체로 성정이 온
화하고 남을 배려하는 마음이 아주 많습니다. 그렇기 때문에 자신은 늘 손해
를 보는 일이 많이 생겨 실속은 좀 없다고 할 수 있겠습니다.

눈
눈으로 건강 점검해 볼까?

선생님,
요즈음 몸이 안 좋은데...
왜 의사 선생님은
눈부터 보고 그러지!

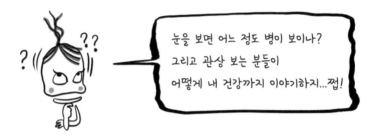

눈을 보면 어느 정도 병이 보이나?
그리고 관상 보는 분들이
어떻게 내 건강까지 이야기하지...쩝!

실제로 눈과 건강은 큰 상관관계가 있다는 사실.
몸이 천 냥이면 눈은 구백 냥!

영화나 드라마에서 보면 의식을 잃은 사람을 볼 때 먼저 눈부터 보게 됩니다. 물론 그것은 의식 여부를 확인하기 위함이지만, 의식이 있는 상태에서 병원에 가도 눈을 먼저 보는 의사들이 많습니다. 이것은 눈을 통해서 몸의 건강 상태를 알 수 있기 때문입니다. 눈은 오장육부 중에서 간과 특히 밀접하게 연결되어 있는데, 간은 우리 몸에서 피를 만들고 노폐물을 거르는 등의 역할을 해서 몸의 화학공장이라 불리기도 합니다. 그래서 간이 피곤하면 먼저 눈이 침침해지고 자꾸 졸리게 됩니다. 검은자위가 탁하거나 눈의 흰자위가 노란색을 띠는 황달이 오면 간의 상태가 좋지 못하다는 것을 알 수 있습니다.

이렇게 눈은 간과 직접적으로 연결되어 있지만, 한편으로는 눈의 각 부위마다 해당되는 장부가 또 있습니다. 눈의 동공은 신장, 흰자위는 폐, 윗눈꺼풀은 위장, 아랫눈꺼풀은 비장, 눈의 시작과 끝 부위는 심장과 연결되어 있습니다. 이를 좀 더 자세히 살펴보도록 하겠습니다.

눈동자는 신장의 기운과 연결되어 있습니다. 신장의 기운이 튼튼하면 동공이 마치 검은 옻칠을 한 것처럼 반짝반짝 빛이 납니다. 반대로 신장의 기운이 허약하면 물이 없어 시들어 가는 나무를 연상하면 됩니다. 그리고 앞에서 언급한 것처럼 검은자위는 간과 연결되어 있습니다. 간은 나무에 해당되고 신장은 물에 해당되어, 나무는 물을 만나야 건강하게 자랄 수 있습니다. 따라서 간이 물의 공급을 충분히 받으면 검은자위가 빛이 날 것이고, 물이 없으면 검은 자위가 탁한 것을 알 수 있습니다.

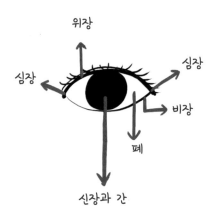

또한 흰자위는 폐의 정기가 모인 곳입니다. 폐는 호흡을 주관하는 기관이니 폐가 튼튼하면 흰자위는 더 없이 깨끗하지만, 약하다면 흰자위 색이 붉거나 누렇게 탁해집니다. 그리고 눈의 시작과 끝 부위는 심장과 연결되어 있습니다. 심장이 기능이 떨어져서 혈액 순환이 원활하지 않게 되면, 눈곱이 자주 끼게 되는데 이런 일이 있으면 빨리 병원에 가서 검진을 받아야 합니다. 눈꺼풀은 비장과 위장의 기운이 모여 있습니다. 눈꺼풀이 단단하고 탄력이 있으면 비장과 위장이 건강한 것이고, 혹시 눈꺼풀이 떨리거나 다래끼 등이 난다면 비장과 위장의 기능이 많이 떨어진 것이라 보면 되겠습니다. 결국 눈은 우리 인체의 오장육부의 정기가 모두 모인 곳이기 때문에, 눈만 잘 관찰해도 그 사람의 건강 상태를 알 수 있습니다.

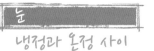
눈
냉정과 온정 사이

아이! 차가워~

그래도 나보단 낫지~

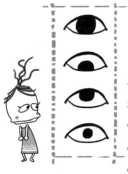

흰자위가 양옆에만 있는 게 대부분인데,
왜 위 또는 아래에도 흰자위가 보이지.
이거 심상치 않은데...
어, 위와 아래 동시에 흰자위가 보이면
이건 더 불안한데...
이 불길한 기운은 뭐지?

지금부터는 눈의 모양 중에서 다소 특이한 삼백안과 사백안에 대해 알아보 겠습니다. 삼백안, 사백안은 글자 그대로 세 개의 흰 눈과 네 개의 흰 눈이 라는 것인데, 무슨 뜻일까요? 일반적으로 사람의 눈을 살펴보면 눈의 흰자위 와 검은자위가 1:1로 구분이 됩니다. 즉, 흰 자위 사이에 검은자위가 위치하는 것이 일반적입니다. 그런데 특이하게 흰자위가 세 개가 되는 것을 삼백안이 라 하고, 네 개가 되는 것을 사백안이라고 합니다. 그리고 삼백안 중에 아래 쪽 흰자위가 보이면 하백안, 위쪽 흰자위가 보이면 상백안이라 부릅니다.

우선 관상학적으로 하백안이든 상백안이든 모두 눈의 모양에서 가장 꺼리는 좋지 못한 상으로 알려져 있습니다. 여자보다는 남자들한테서 많이 보이는데, 주로 성격이 몹시 사납고 음흉하고, 가족 간에 불화를 일으킬 확률이 높습니다. 또한, 사백안의 경우는 삼백안보다 더 좋지 않다고 보는 게 일반적입니다. 물론, 좋지 않다고는 하나 관상이라는 것이 어느 특정 부분만을 보고 판단하는 것이 아니기에 무조건 나쁘다고 규정지어서는 안 됩니다.

다만 이성이나 만나는 사람이 이런 삼백안이나 사백안이라면 조금 더 신중하게 그 사람에 대해서 알아가는 것이 좋다는 말입니다. 관상학적으로 삼백안과 사백안을 다소 좋지 않게 보는 것은 눈과 인체와의 관계에서 설명했듯이, 흰자위는 폐의 기운과도 연결되어 있어서입니다. 폐는 오행 가운데서 차가운 성질을 지닌 금에 속하는데, 이 금을 나타내는 것이 바로 흰색입니다. 그래서 금의 정기가 모인 눈에서 흰자위가 많이 보이면(삼백안 또는 사백안) 다소 차갑고 냉정한 성정을 지녔다고 봅니다.

눈

눈눈이, 뭐가 문제인데?

눈이 좀 튀어나와야
나도 좀 튀겠지?

좀 튀긴 튀는데,
너무 튀어서 문제.
행동에 앞서 잠시 생각하자고!
인생이 바뀔 수 있으니 말이야!

눈은 좀 들어가 있어야,
베일 속 인물이 되지.

비밀스럽긴 한데,
너무 생각만 하는 것은 아닌가?
행동으로도 좀 옮기자고~

눈의 모양을 살필 때, 튀어나온 눈이 있고 들어간 눈이 있습니다. 물론 구분이 잘 안 되는 경우도 대부분입니다. 그런데 튀어나온 눈과 들어간 눈 중에서 어느 눈이 더 좋을까요? 정답이라고 할 수는 없지만 관상에서는 튀어나온 눈에 후한 점수를 주지 않는답니다.

눈은 관상에서 주로 강에 비유하는데, 길고 깊은 강을 우리는 좋은 강이라 합니다. 서울을 관통하는 한강을 보아도 강원도에서 발원하여 김포 쪽으로 물이 흘러가게 되어 있고, 참 길고도 깊습니다. 눈은 이처럼 우리나라의 한강처럼 길고 특히 깊어야 하기에, 이와 반대로 튀어나왔다면 홍수가 나서 둑이 터진 형상으로 보아 일생이 평탄하지 않게 흘러간다고 합니다.

눈은 사랑의 정기가 모여 있는 곳이라 했는데, 눈이 튀어나왔다면 정기가 머금어지지 않으므로 매사 쉽게 흥분하는 경향이 있으며, 일을 해도 쉽게 지치고 끝기가 없는 성향일 확률이 높습니다. 자연에서 본다면 땅속의 화기가 위로 분출된 화산의 폭발과 같으니, 때로 난폭한 성정을 다스리지 못해 화를 자초하는 경우가 있습니다. 그래서 튀어나온 눈의 소유자는 말과 행동에 앞서 한 번만 더 생각하고 움직이는 것이 좋습니다. 그리고 튀어나온 것은 양기가 있는 것이니 다른 사람과 상대를 할 때 굉장히 눈치가 빠르고 일에 때한 처리나 순발력이 뛰어나다는 장점도 가지고 있습니다.

 이와 반대로 눈이 들어간 사람은 정기를 한껏 머금고 있으니, 오랫동안 일을 해도 지치지 않는 끈기가 있습니다. 그리고 깊은 물에 무엇이 있는지 들어가 보기 전까지는 알 수 없는 것처럼, 쉽게 자신을 드러내지 않고 신중한 편에 속합니다. 자신을 드러내지 않는 이것이 오히려 다른 사람에게는 답답하게 느껴질 때도 있으며, 지나친 신중함이 오히려 행동으로 옮겨지는 데 있어 더디게 만드는 경우도 있답니다. 이런 성향으로 주위 사람이 답답하다고 느낄 수도 있으니, 눈이 들어간 사람은 좀 더 적극적인 태도를 가지는 게 좋습니다.

코

콧대가 높고 뾰족하면 최고인가?

자고로 여자가 콧대는 높아야지...
근데 정말 코가 높으면
자연스레 콧대가 세다는 걸까?
에이, 그건 아니겠지!

모르는 말씀!
코가 높이 솟으면,
실제 성격도 잘난 체하고
뽐내는 성격이어서 인간관계에
빨간불이 들어온다는 사실~

> 잘났으니
> 잘난 척하는 거지, 뭐.

• 높은 코

그럼 난 뭐야...
잘난 것도 자존심도 없다는 거임.

• 낮은 코

실제 코는 나를 나타내는 중요한 부위여서,
코의 높낮이는 성격과 밀접한 연관성이 있다고.
코가 낮으면 의지가 약하거나 다른 사람에게
휘둘릴 가능성이 많다는데...

내 뾰족한 코는
정말 맘에 들어...
물론 다른 사람도
내 뾰족한 코를 좋아하겠지!

뾰족한 게 뭐 자랑인감.
뾰족하면 할수록
그만큼 사람에게 상처를 많이 준다고.
코는 뭐니 해도 둥글둥글 해야
좋은 거지!

마음 씀씀이가
구두쇠?!

성격은 과학.
편안한
나에게 오라고~

• 뾰족한 코   • 둥글한 코

코는 산과 같아 뾰족하면 오르기 어렵고
둥글둥글하면 등산하기도 좋다고.
절벽을 오르는 것보다
올레길을 걷는 것이
훨씬 편하다는 것은 당연한 상식!

사람의 얼굴을 볼 때 아무래도 가장 먼저 눈에 띄는 부위가 바로 코입니다. 코는 얼굴에서 중앙에 위치하고, 가장 높이가 높아서 눈에 빨리 들어오기 때문입니다.

관상은 그 기원을 중국으로 보고 있는데, 중국에서는 얼굴에서 다섯 군데(이마, 턱, 코, 양쪽 광대뼈)가 높아야 한다고 하면서 이를 오악이라고 불렀습니다. 실제로 중국에는 동쪽에 가장 높은 태산이 있는데 이를 동악이라 하고, 서쪽의 화산을 서악, 남쪽의 형산을 남악, 북쪽의 항산을 북악이라고 불렀는데, 이 중앙에 있는 산이 바로 숭산이라고 하면서 중악이라고도 합니다.

얼굴의 가운데에 위치하니 이 가운데의 산이 너무 높으면 다른 산이 낮아 보일 것이고, 반대로 너무 낮으면 다른 산이 무시할 수도 있습니다. 그래서 코는 적당한 높이어야 주변과 잘 어울릴 수 있답니다.

관상에서 코는 나 자신을 나타내는데, 앞서 얘기했듯이 너무 높으면 콧대가 너무 세서 다른 사람과의 관계가 원만하지 못할 가능성이 많고, 반대로 너무 낮다면 자신의 의지가 약하거나 아니면 다른 사람에게 늘 시달릴 가능성이 많습니다.

그리고 산의 모양이 너무 뾰족해도 사람들이 접근할 수 없으니, 마음 쓰는 게 좁거나 혼자 고독하게 지낼 가능성이 농후합니다. 산이 둥글면 아무래도 사람들의 접근이 쉬우니 다른 사람들과 관계가 아주 원만하고 좋답니다.

코는 이렇게 나 자신을 상징하는 부위라는 것을 명심하시고, 거울에 비쳐진 내 코는 어떤 높이와 모양을 가졌는지 한번 살펴보길 바랍니다. 만약에 너무 높고 뾰족하다면 나 자신을 좀 더 낮추는 자세로 임해야 사람들이 좋아할 것이고, 반대로 너무 낮고 둥글다면 좀 더 자신감을 가지고 생활에 임하는 것이 좋습니다. 관상은 얼굴의 모양새를 통해 성격이나 운명을 판단하지만, 단순히 그것으로 끝나서는 안 됩니다. 자신의 얼굴상을 통해 진정한 자신을 이해하고 단점을 고치려는 마음 자세를 갖는 것이 무엇보다 중요하다는 사실을 잊지 마시길 바랍니다.

코

재물의 크기를 판단하는 창고

왜?
내 월급은 통장만 스치면
모두 사라지는 거지!
도대체, 난 돈을 벌 운명이 아니란 말인가?

코의 생김새와 돈은 밀접한 관련이 있지.
통장만 원망하지 말고
지금 거울이나 보지 그래.
옛말에
'귀 잘생긴 거지는 있어도,
코 잘생긴 거지는 없다'는 말 몰라?

일단 돈을 비축할 창고는 충분하다고...

• 큰 코

어째 불길한 이 느낌은...

• 작은 코

80   내 얼굴, 네 얼굴

그럼 코만 크면 모든 것이 끝이란 말이지?
그럼, 됐네, 됐어!
언젠간 이 창고에 돈이 가득 쌓이겠지.

무슨 소리.
그럼 코 큰 사람은 다 재벌이게.
그것만 믿다가 그 큰 코 다친다~~
조심혀~~~

아우토반 같은 내 창고 입구여...
창고도 크고 뭐, 이 정도는 돼야지!

• 쭉 뻗은 콧대, 둥근 코끝, 콧구멍이 잘 보이지 않는 코

돈은 솔솔 들어오는데...
뭔가 이 돈이 자꾸 새어 나가는
이 느낌은 뭘까?

• 쭉 뻗은 콧대, 둥근 코끝, 콧구멍이 잘 보이는 코

얼굴에서 코는 재물을 관리하는 임무를 맡고 있습니다. 그래서 재물의 크기를 알고 싶을 때는 우선 코의 크기를 보는 것이 가장 빠릅니다. 코는 집 안의 창고라 할 수 있어, 그 창고가 크면 클수록 그곳에 많은 물건을 쌓아놓고 보관할 수 있기 때문입니다. 다만, 큰 창고를 가진 만큼 욕심이 많아 조심해야 합니다. 그리고 일단 큰 창고를 가지고 있어도 창고의 모양에 따라 실제 쌓이는 재물은 다를 수 있습니다. 그렇다면 많은 부를 얻게 하는 잘 생긴 창고는 어떤 모양일까요?

코는 일단 콧대가 쭉 뻗어서, 코끝이 둥글고 콧구멍이 보이지 않아야 합니다. 콧대가 쭉 뻗었다는 것은 창고의 진입로가 확 트여 물건이 자유롭게 드나들 수 있는 도로가 확보되었다는 것을 의미합니다. 그리고 코끝이 둥근 것은 창고의 모양이 둥글어서 안정적인 모습을 하고 있다는 것이고, 콧구멍이 보이지 않는다는 것은 창고에 구멍이 없어서 쥐가 들락거리거나 비가 새지 않는다는 것을 의미합니다.

이런 창고여야 정말 안전하고 튼튼하게 재물을 보관할 수 있지 않을까요? 여러분의 코는 어떤 모양을 하고 있는지, 그리고 이성친구나 배우자의 코는 어떤 모양인지 한번 거울을 보시기 바랍니다. 튼튼한 창고라면 재물이 쌓일 것이고, 혹시라도 콧구멍이 보인다면 비가 들어오거나 쥐새끼가 사는 것이니 얼른 막아야 합니다. 많이 버는 것도 중요하지만, 새는 것을 방지하는 것도 중요합니다. 부자의 출발은 새는 것을 방지하는 것부터라는 사실을 꼭 명심해야 한답니다.

코
이보다 좋을 수는 없다

뭘봐...

코가 크다고 다 좋은 게 아니네, 뭐!
그럼, 도대체 어떻게 생긴 코가
돈을 많이 벌 운명이라는 거지?
남자 만나면 참고하게 좀 가르쳐 주삼.

어디서 들리는 풍문에 의하면...
현담비와 절통비의 코를 가진 자가 최고라는데.
현담비는 쓸개를 매달아 놓은 모양이고,
절통비는 대나무통을 반으로 쪼갠 모양이라는데...
어렵네 어려워!

• 현담비의 코

풍선에 적당히 물을 넣은 모양의 코!
풍선이 곧 창고요, 물이 곧 돈이라는데~

• 절통비의 코

눈을 씻고 찾아봐도 좀처럼 보기 드문 코...
하지만 이런 코를 가진 자를 만난다면
그야말로 대박~

앞서 코가 재물을 넣어서 보관하는 창고의 역할을 해서 그 크기의 중요성을 이야기했는데, 조금 더 세부적으로 코의 모양으로 재물의 크기를 한번 보도록 하겠습니다. 코의 모양 중에서 가장 으뜸으로 치는 모양은 쓸개를 매달아 놓은 것과 같은 현담비와, 대나무통을 반으로 쪼개 놓은 모양의 절통비입니다.

모양을 연상시켜 본다면 쓸개를 매달아놓았다는 현담비가 잘 연상이 되지 않는다면, 학교 앞 문방구에 흔히 있는 풍선에다가 적당히 물을 넣으면 이런 모양이 나온답니다. 여기서 물을 돈으로, 풍선을 큰 주머니로 생각해 보면 됩니다. 큰 주머니에 물이 많으면 많을수록 돈이 매우 많게 됩니다. 처음 시작은 미약했으나 아래로 가면 갈수록 커지는 모양을 하는 현담비를 가지면 아주 큰 부자가 된다고 합니다.

다음으로 대나무통을 잘라 놓은 모양의 절통비는 처음 시작과 끝이 마치 긴 직사각형의 모양을 하고 있는데, 실제로 사람의 얼굴에서 이런 모양을 한다는 것은 이론상 매우 힘듭니다. 그동안 많은 이의 관상을 본 저도 절통비를 아직까지 보지 못했을 정도입니다. 혹시 이런 코라 생각되는 사람을 주위에서 보았거나 본인이라고 생각한다면 부귀영화를 반드시 누릴 것입니다.

어쨌든 절통비의 코를 가진 사람 또한 부귀를 가진 사람들에게 많이 나타납니다. 주위에서 일단 현금 좀 갖고 논다는 사람이 있으면 얼른 재물의 크기인 코의 모양이 현담비형인지 아니면 절통비형인지 함 살펴보시길 바랍니다. 물론 본인의 코가 이 유형이 아니라고 해서 너무 절망하지는 말기 바랍니다. 다른 모양에서도 부자의 운명은 나타나기 때문입니다.

코
매의 날카로움을 찾아라

뭐야? 내 코는 돈과 담을 쌓았다는 말인가!

코도 별로 안 크고 모양도 별로

앗 시바야 — 돈과는 무관해 보이니 이를 어쩐다 말인가.

만나는 남자도 어째 이 모양새는 아닌 듯한데...ㅠㅠ

그래도 아직 절망하기는 이르지.

부자 중에서도

다른 코의 모양을 가진 사람도 많다고...

설마 코의 크기와 모양만이

재물을 좌지우지한다고 믿는 건 아니겠지!

안 놔?...

송골 매

승부욕과 집념이 만들어 낸 부자...

내 지갑을 쉽게 열게 할 수는 없을걸~

• 매부리코

아무리 살펴보아도 이전에 언급한 현담비와 절통비의 유형이 아니라면 혹시 마치 매의 부리를 닮은 매부리코는 아닌지 살펴보시길 바랍니다. 주위 부자 중에 의외로 이런 매부리코 모양의 코를 가진 사람이 많이 있습니다.

낚시 바늘이 갈고리처럼 둥근 모양을 하다가 끝이 날카롭게 안쪽으로 말려 있어, 무언가가 한번 들어가면 절대로 빠져나갈 수 없는 이런 구조의 코는 사실 고서에서는 약간 폄하하는 경향이 있었습니다. 그러나 시대가 바뀌면서 계급사회가 무너지고 직업의 다양화가 생기면서, 매부리코를 가진 사람은 승부욕과 집념이 강하고 한번 손에 넣은 돈은 잘 내놓지 않는 구두쇠와 같아서 재물을 많이 모으는 경향이 있습니다.

다만 여러분이 주의해야 할 것은 매부리코라고 해서 모두 똑같은 매부리코가 아닐 수가 있습니다. 매부리코를 가진 사람을 볼 때는 그 눈매를 함께 봐야 합니다. 눈이 날카롭지 않다면 관상에서는 그 점수가 다소 떨어질 수 있습니다.

사냥감을 찾는 매의 눈을 한번 보세요. 흐리멍텅한 눈을 가진 매는 사냥감을 찾는 것조차 어려울 수 있습니다. 그러니 매부리코라고 해도 눈의 모양이 이와 같지 않다면 역시 굶어죽기 쉬운 매가 될 수도 있답니다.

눈과 코가 전부 매처럼
날카로운 모양을 하고 있다면,

—>욕심 많은 부자

코는 매부리인데
눈이 선하면,

—> 사냥한 먹이를
다른 매에게 빼앗기는 부자

코는 매부리인데
눈이 퀭하고 총명함이 없으면,

—> 욕심만 많다가
곧 굶어죽을 가난뱅이

코

코만 좋으면 장땡?

요리 보고 저리 봐도!
한숨만 나오는 내 코~
어쩌란 말이냐~

에혀..

"슬퍼하지 마~세~요~~"
코가 낮아도 코가 크지 않아도
코가 외롭지 않다면...당신은 행복한 부자!

참 좋은데, 코는 참 좋은데...
어째 도와주는 이가 하나 없다니!

광대 실종.

• 코가 크고 양쪽 광대뼈가 낮은 모양

빵

빵!!

좌청룡 우백호 광대뼈가 있는 나!
항시 나를 도와주는 귀인이 나타나리라~

• 코는 낮지만 양쪽 광대뼈가 튀어나온 모양

코는 재물의 크기를 알려주는 얼굴의 중요한 부위이면서, 그 콧대로 자신감과 자존감을 알 수 있다고 앞에서 설명하였습니다. 그럼 코가 크고 높고 좋은 모양이면 다 부자일까요? 정답은 그렇지 않습니다.

여기서 꼭 놓치지 말아야 할 것이 있는데, 바로 코를 감싸고 있는 좌우의 광대뼈입니다. 흔히 풍수에서 좌청룡과 우백호라고 하는 것처럼 코를 보는 것에서도 마찬가지로 바로 좌우 광대뼈를 동시에 봐야 합니다. 코는 얼굴의 다섯 부위 높은 산의 중심이 되는 곳으로, 전문용어로 중악이라고도 합니다. 이 중악인 코를 중심으로 상하좌우를 감싸는 것을 오악이라고 하는데, 우리는 '악'자가 들어가는 산은 험하다는 정도는 다 알고 있습니다.

관상의 오악이라는 것은 얼굴에서 높이 솟은 다섯 군데를 지칭하니, 바로 코를 중심으로 좌우 광대뼈, 이마와 턱입니다. 이 중에서 가장 높은 곳은 바로 나를 상징하는 중악 즉, 코입니다. 그런데 이 코는 혼자 외로이 있으면 힘을 쓸 수가 없습니다. 혹시라도 힘을 쓴다고 해도 남의 도움 없이 혼자서 모든 것을 해야 하는 상이니, 그만큼 힘이 드는 것을 의미한답니다.

만약 나라에 임금은 있는데 신하가 없다면 어떤 생각이 먼저 드나요? 아무리 훌륭한 임금이라도 신하가 없으면 나라를 잘 다스릴 수 없듯이, 코는 훌륭한데 좌우 광대뼈가 코를 잘 보좌하지 못하면 내 능력은 뛰어나더라도 주위에서 도와주지 않는 것을 의미합니다. 일이라는 것은 혼자 할 때보다 여럿이 해야 더 효율적인 면이 많습니다. 코가 아름답고 광대뼈가 잘 보좌한다면 단합이 잘되어 금상첨화이지만, 코는 아름다운데 광대뼈가 등을 돌리고 있으면, 신하가 없는 임금일 뿐입니다.

　혹시 자신의 코는 낮은데 광대뼈가 잘 보좌하고 있다면, 전혀 실망할 필요가 없습니다. 이런 사람은 항상 주위 사람들을 배려하는 마음이 있고, 협동심이 있어서 만약에 어려운 일이 있더라도 주위에서 도와주는 귀인이 많습니다.

　코를 보좌하는 광대뼈가 세력이 있어서 코를 도와준다면, 비록 나는 별 볼일 없는 것 같아도 주위에서 도와주는 사람이 많아서 그 삶은 매우 풍요로워집니다. 나 홀로 코만 높은 것보다는 비록 코는 낮더라도 옆에서 도와주는 광대뼈가 있는 것이 훨씬 더 좋은 상입니다.

남자는 눈, 여자는 입

눈은 마음의 창이고
입은 표현의 창...
뭐, 이건 당연한 사실이지!

그렇지.
그리고 또 알아야 할 중대한 사실 하나.
여자는 배, 남자는 항구가 아니라
여자는 입, 남자는 눈이라는 거지!

눈은 태양과 남자를 상징하지!

입은 바다와 생명의 근원인
여자를 상징!

그럼 여자는 입이 아름다워야 하고
남자는 눈이 아름다워야 좋다는 거야?

뭐, 나야 알 수 없지.
그냥 둘 다 좋으면 최고 아니겠어.
그래도 여자 입장에서는
입이 좀 아름다우면 더 좋다는 뜻이겠지.

 눈이 마음의 창이라면, 입은 표현의 창입니다. 눈으로도 얼마든지 자신의 생
각을 보여 줄 수 있지만, 좀 더 적극적인 표현을 하려면 아무래도 입을 사용해
야 합니다. 입은 얼굴의 그 어떤 기관보다도 적극적인 성향을 띠는 기관입니
다. 우선 우리는 입을 통해 음식을 먹고 마음을 표현하기도 합니다. 위치상으로
는 제일 아래에 있으면서도 하는 일은 오히려 가장 바쁜 입은 주로 여성에게
비유되기도 한답니다.

 눈이 하늘에 떠 있는 태양을 상징하여 남자를 상징한다면, 입은 바다를 상
징하면서 모든 생명체의 근본이 되는 것으로 여자를 상징하는 것입니다. 예로부
터 물은 모든 생명의 탄생과 성장에 없어서는 안 될 필수적인 요소가 되므로,
여성의 입이 아름답다는 것은 곧 생명력이 튼실하다는 것을 보여 줍니다.

입만 커서 목소리만 크면 장땡이냐.
그리고 그 친구는 말은 왜 이리 많은지.
어째 늘 조용한 내가 피해를 보는 것 같네~

그건 잘 모르겠지만,
'입이 짧다'는 말 들어 봤지.
실제로 입이 작은 사람은
입이 짧아서 먹는 것도
까다롭다는 말이 있던데...

입이 커서 적극적인 나!
재테크도 아이도 척척~~

• 큰 입

앵두 같은 작은 입!
예쁘긴 한데, 뭔가 사회성에 문제가~

• 작은 입

'암탉이 울면 집안이 망한다'는 것은
옛날에나 통용되는 거지.
지금 시대에는 입이 커서 여자도
적극적으로 살아야 한다고...

여자를 상징하는 입은 그 생명력을 오랫동안 유지하려면 흐르는 강물처럼 길고 깊어야 합니다. 깊은 강은 결코 마르는 법이 없습니다. 입이 마르지 않는 여성이라면 재물을 모으거나, 아이를 낳는 것에도 별로 힘들지 않습니다. 옛날 가부장적인 시대에 '암탉이 울면 집안이 망한다'고 하면서 여성은 그저 집에서 살림만 하고 조용히 지내는 시대도 있었지만, 지금은 절대 그런 시대가 아닙니다.

입이 큼직한 여성이라면 자기표현이 확실하고 매사 의욕에 넘치는 사람입니다. 생활력도 강해 사회생활에 아주 적극적이며 애정 표현도 거침없이 하는 편입니다. 한마디로 요즘 시대를 잘 타고난 사람이라고 해도 되겠습니다.

반면에 입이 작은 여성은 소극적이고 의지가 약하고 또한 자기 표현력이 약합니다. 먹는 것도 까다로워서 주위 사람들과 함께 식사하는 것이 불편하기도 하여, 사회성이 떨어지기도 합니다. 앵두같이 작은 입은 과거에나 어울린다고 할 수 있습니다. 이처럼 관상도 시대에 따라 또는 하는 일에 따라 그 평가를 달리해야 합니다.

웃으면 복이 왜 올까?

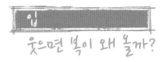

너 '소문만복래'란 말 들어 봤지?
웃으면 복이 온다는데,
그게 관상과도 연관이 있을까?

음... 웃는 얼굴을 거울로 보면
입꼬리가 올라가던데,
왠지 입꼬리가 올라가면
뭔가 좋다는 거 아닐까?

명랑한 커리어 우먼!
날 싫어할 사람이 있을까?

• 올라간 입꼬리

바다에 배가 엎어진 모습이라.
뭔가 삐딱선을 탄 나,
근처에 오면 다친다, 조심혀!

• 내려간 입꼬리

웃으면 입꼬리가 올라가고,
울상을 하면 입꼬리가 내려가는데...
웃으면 복이 온다는 말이 괜한 말은 아니었네...

관상에서 좋은 입의 모양을 꼽으라면 일단 입꼬리가 올라간 것을 칩니다. 입꼬리가 올라간다는 것은 많이 웃어야 생기는 모양인데, 이런 사람은 표현을 하는데 시원시원하고 배짱도 있습니다. 성격도 명랑하여 주위 사람과 교제의 폭이 넓기도 합니다. 이런 사람은 결혼 후에도 가정주부로 있는 것보다는 밖에 나가서 활동하는 커리어 우먼이 될 가능성이 많습니다.

이와 반대로 입꼬리가 처지게 되면 울상으로 보여집니다. 좀 더 쉽게 비유하자면 바다에 배가 뒤집힌 모양을 하고 있는 셈입니다. 이런 입모양을 가진 사람은 세상을 다소 삐딱하게 보는 성향이 있고 부정적인 표현을 많이 합니다. 아이들도 화가 나면 입을 삐죽거리는데, 이때도 입꼬리가 내려오는 모습을 볼 수 있습니다. 이러면 복을 받기가 어렵고 가난과 불행이 늘 따라 다닐 수 있어 조심해야 합니다. 이런 사람은 웃는 연습을 많이 해서 입꼬리가 올라가도록 해야 합니다. 웃으면 복이 온다는 말은 그냥 있는 말이 아니랍니다.

허걱, 내 입꼬리는...
웃자, 웃자,
그리고 또 웃자!

입꼬리로만 판단하기에는 뭔가 부족한 이 느낌.
최고의 입 모양과 최악의 입 모양도
분명 존재하지 않을까?
최악이라는 표현이 좀 그렇긴 해도.

입꼬리도 올라가고
아랫입술이 四인 나!
부귀에 대한 걱정은 할 필요도 없다고~

• 올라간 입꼬리에 아랫입술이 넉 사자(四)인 입

내가 안 비밀은 모두가
다 안다고 봐야지!
뒷담화가 내 전문인 거 몰랐지~

• 불을 부는 것처럼 튀어나온 입

여자는 배 그리고 바다라고 하니...
바닷물에 빠지지 않고 대야처럼 무언가를
많이 담는 모양은 당근 최고이겠지.

반대로 생각하면 뒤집어진 배나
대야의 모양을 하고 있으면,
오고 있는 복도 나간다는 거잖아ㅠㅠ

입꼬리가 올라가고 아랫입술이 한자로 넉 사(四)자를 연상시키는 모양을 가지면, 최고로 길한 입으로 칩니다. 四자 모양은 마치 대야를 연상시키는데, 대야는 물을 담는 도구이기 때문입니다. 대야가 사각형의 안정된 모양을 하고 있다면, 당연히 많은 물을 담을 수 있으니 부귀영화 또한 따논 당상입니다.

그러나 입모양이 마치 불을 부는 것처럼 튀어나온 모양이면, 운의 흐름이 좋지 못합니다. 특히 이런 모양의 입은 비밀을 잘 지키지 못하고 남을 헐뜯는 성향이 있어 주위에서 멀리해야 할 사람입니다. 부부간의 애정이 없을 수 있으며, 자식의 인연 또한 약하니 한마디로 고독하고 어려운 삶을 살 수도 있습니다. 입은 그 기운을 많이 담아야 하는데, 내뱉는 모양이라면 대야를 엎은 것이나 마찬가지이기 때문입니다.

입과 입술은 절친

입과 입술...
뭐 그거 그냥 같은 말 아닌가?
입이나 입술이나 그게 그거지, 뭐!

국어사전 가라사대,
입 주변의 (어쩌구저쩌구) 붙어 있는
살이 바로 입술.
엄연히 다르긴 하지만...
사실 입이 예뻐야 입술도 예쁘고,
입술이 예뻐야 입도 예쁘니 그게 그거겠지.

기운도 건강도 재물도
빠져나갈 수 없게 하는
내 두툼한 입술!

입술이 얇아 슬픈 짐승이여...
수다쟁이에 모든지 쉽게 빠져나가니,
이걸 어쩌나!

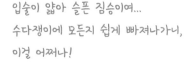

• 두툼한 입술   • 얇은 입술

어쩐지 나는 입술이
두툼한 사람에게 호감이 많이 가더라.
내가 사랑 보는 눈은 좀 좋은 편이지...

입술은 입의 모양을 결정하는 데 결정적인 역할을 하는 부위입니다. 그래서 입술이 예쁘면 입모양도 예쁜 게 사실입니다. 입은 관상에서 눈과 귀, 코와 함께 자연의 흐르는 강에 비유됩니다. 모름지기 강이라 하면 길고 깊어야 가뭄에도 마르지 않고 유유히 흘러가고 생명력이 있게 됩니다.

입술은 마치 흐르는 강물을 가두는 제방과도 같은 역할을 하는 것이 우선이므로 일단 두꺼워야 합니다. 두툼한 입술을 가졌다면 기의 흐름이 입에서 새어 나가지 않으니, 일단 건강한 사람이 되고 재물이 잘 모여지며, 자녀의 생산도 아주 수월합니다.

만약 입술이 종잇장처럼 얇다면 입이 가벼워 말이 많고 진실성도 다소 떨어집니다. 또한, 물을 가둘 수 없으니 재물이 있다가도 금세 말라 버리니 부를 축적하기 힘들며, 물이 마르면 생명력 또한 없어지기 때문에 자녀가 태어나기가 쉽지 않습니다.

근데 하나 궁금한 게 하나 생겼어.
윗입술, 아랫입술의 비율은 어떤 게
가장 좋을까?
사람마다 차이가 많던데...

내 얼굴이 꼭 그래서는 아니고....
입술의 비율도 딱 1대1로 균형이 맞아야
그게 최고의 황금 비율 아니겠어.

윗입술을 잘 받치는 아랫입술!
사랑받는 비결이라고~

• 아랫입술이 윗입술보다 살짝 더 큰 모양

아랫입술이 작아서 좀 안정감이
없는 듯한데. 사랑은 받는 것이 아니고
주는 것이라고!

• 윗입술이 아랫입술보다 큰 모양

사랑은 주는 것이 맞긴 한데...
난 그냥 사랑을 더 많이 받게
아랫입술이 좀 더 컸으면 하네.

입술의 위아래 비율은 어때야 할까요? 입술은 위아래 비율이 적당할 때 아름다운데, 위와 아래가 1:1.2이어야 가장 이상적입니다. 즉 아랫입술이 윗입술보다 살짝 더 커서 받드는 모양이어야 되는 것이 좋습니다. 윗입술은 양에 해당하고, 아랫입술은 음에 해당하는데 음양의 균형은 음이 양보다 다소 컸을 때 이상적이기 때문입니다.

윗입술이 아랫입술보다 더 크게 되면 안정감이 떨어지기도 하지만, 성격도 급해서 손해를 보는 일이 많이 발생하기도 합니다. 이런 입술을 가진 여성은 남자에게 주는 사랑을 해야 합니다. 반대로 아랫입술이 윗입술을 잘 받치고 있다면, 성격도 여유롭고 대인관계가 원만합니다. 이런 입술을 가진 여성이라면 당연히 남자의 사랑을 많이 받습니다.

아랫입술이 윗입술을 받치는 모양이 되면 자연스럽게 입꼬리가 올라갈 가능성이 많습니다. 앞서 입꼬리가 올라가면 여러모로 좋은 점이 많다고 했는데, 사랑을 받고 싶고 재물을 모으고 싶다면 매일 거울 앞에서 웃는 연습을 많이 하기를 권합니다. 그럼 아랫입술이 윗입술을 받치게 되면서 입꼬리가 자연스럽게 올라갈 겁니다. 여성들의 행복과 받는 사랑의 출발점은 바로 웃음에 있습니다.

앵두 같은 내 입술?

앵두 같은 내 입술이라.
아까 그런 작은 입은 여자에게
그리 좋지 않다고 했으면서,
왜 또 이야기를 꺼내는 거지.

앵두는 크기는 작지만,
색깔이 빨갛고 아름답잖아.
입술의 색깔 때문에 그러는 거 아닐까?

건강 미인이 바로 나라고 나!

• 앵두 색상 입술

추운 물에 있다 나온 이 느낌.
건강이 안 좋아, 안 좋아!

• 파란 입술

'앵두 같은 입술'이라는 표현은
지금 시대에는
크기보다는 바로 색깔에 의미를
둬야 한다는 거지.

우리는 흔히 미인의 입술 색깔을 보고 '앵두 같은 입술'이라고 합니다. 입술은 두께도 중요하지만 특히 색깔이 중요한데, 입술의 색깔은 곧 여성의 건강을 알 수 있는 지름길이기 때문입니다. 입술은 심장의 기운을 밖으로 표출한 인체 부위이기 때문에, 입술이 붉다는 것은 심장의 기운이 잘 돌아가는 것을 의미합니다.

이처럼 '앵두 같은 입술'을 소유한 여자분이라면 심장의 기운이 튼튼하여, 여자들의 영원한 숙제인 혈액순환에 문제가 없는 것을 말합니다. 혈액순환에 문제가 없으니 매사에 적극적이고 활발하게 인생을 살 수 밖에 없답니다. 반면 물에서 오랜 시간 있거나, 아니면 추운 곳에 있게 되면 입술이 파랗게 변하는 것을 알 수 있는데 이것은 심장의 기운인 화(火)가 위축되어서 일어난 현상입니다. 평소에 입술이 푸르스름한 색을 띤다면 심장의 기능이 약하여, 혈액순환에 장애가 있다는 것을 의미하니 건강에 신경을 써야 합니다.

입술이 빨간 것이
그저 건강하다는 이야기라면 좀 시시한데.
사실 미인, 아름다움과는 좀 거리가 먼 얘기잖아!

'수요일에는 빨간 장미를~~~'
'빨간 립스틱 짙게 바르고~~~'
이런 노래가 그냥 있는 것은 아니라구.

캬 하하···

활짝 핀 꽃이 벌들을 유혹하는 것!
호미! 새빨간 내 입술을 보고 남자들이...

사랑받고 싶다면 립스틱만
빨갛게 바를 것이 아니라
평소 건강에 신경을 써서 입술을 붉게
만드는 게 더 중요하겠군.

헛둘 헛둘

입은 물을 상징하는데, 물속에서 불이 피어오른다는 것은 심신이 건강하다는 것을 의미하며, 여자의 입장에서 본다면 배우자와 자식의 운이 매우 길하다는 것을 알 수 있습니다. 입술색이 붉으면 요염하게 느껴지기도 하고, 직설적으로 이야기하면 남자를 유혹하는 데 최고의 색인 것은 사실입니다.

여자들이 화장을 가볍게 한다면 눈썹과 입술만 색을 칠하는데, 눈썹은 검은색이고 입술은 기본적으로 붉은색 톤으로 가는 게 정상적입니다. 붉으면 붉을수록 자신감이 넘치고, 상대방도 호감을 느끼기에 이성과의 만남에 있어서 붉은색만 한 것은 없습니다.

지금 거울 속에 비쳐진 내 입술의 색이 푸른색 쪽에 가깝다면 시든 꽃이라 벌들은 외면합니다. 그렇다고 무작정 립스틱만 바를 게 아니라 건강부터 점검해서 입술이 자연스럽게 붉게 될 수 있도록 노력하는 것이 필요합니다. 입술에 윤기가 있고 붉다면 사랑할 자격과 사랑받을 자격이 충분한 것입니다.

귀

이목구비, 귀가 제일 먼저 나오는 이유

저 사람 참 잘생겼네.
이목구비가 참 뚜렷하고 말이지.
하여간 보기 좋아, 좋아!

이목구비가 뭔 뜻인지는 당근 알겠지.
귀, 눈, 입, 코를 말하는 건데,
신기하게도 귀가 맨 먼저 나오네.
귀가 제일 중요하다는 건가.

뇌의 첫 출발점이자
초년운의 시발점인 귀!

듣는 것으로 뇌는 처음 작동하고
또한 14세까지의 운을 보는 것은
귀이기 때문에,
귀가 첫 출발점일 수 있다는 거네.

뭐, 그런 것도 있겠지만,
듣는 행동이 참 중요하다는 걸 수도 있겠네.
듣고, 보고, 말하고, 냄새 맡고~~~
뭐, 이런 순서!

우리는 얼굴이 잘생긴 사람을 보고 "이목구비가 뚜렷하다."라는 말을 자주 사용합니다. 이목구비는 한자어로 귀, 눈, 입, 코를 가리킵니다. 그런데 첫 출발이 이(耳) 즉, 귀에서 출발하는 것은 왜일까요? 여러분이 아시다시피 귀의 중요한 기능은 듣는 것이며, 무언가 들어야 뇌가 활동하기 시작합니다. 듣고 나면 뇌가 판단을 하고 그 다음에 어떤 말을 할지 생각을 하게 되는 것입니다. 이처럼 귀는 뇌를 움직이는 첫 출발점에 해당합니다.

그리고 얼굴의 부위별로 운의 흐름을 보는데, /세부터 /4세까지의 초년운은 귀를 참조하게 됩니다. 이 나이에 할 수 있는 일이라고는 주로 부모님 곁에서 생활하면서 공부를 하는 일 외에는 별로 없습니다. 그래서 귀가 아름다우면 이 시기의 운이 좋은 것으로 판단하기도 합니다. 또한 /4세 미만은 다른 나이에 비해 건강상 약한 나이가 되기도 하는데, 귀가 잘 생기면 소위 아동기에 건강했음을 나타내기도 합니다. 이처럼 귀는 얼굴의 다른 기관의 근본으로서 생명과 건강의 뿌리가 되기 때문에, 이목구비의 맨 앞에 오는 것입니다.

귀
임금님 귀는 당나귀 귀

임금님 귀는 당나귀 귀~~
이 이야기는 관상과는 무관하지만,
왠지 그런 귀를 가진 임금님은
좋은 리더일 것 같은데.

그러니까 귀가 크고 길면
좋을 것 같다는 뭐 그런 이야기지.
나도 어디서 귀는 커야 좋다고
들은 것 같긴 하네.

부처님의 귀, 유비의 귀를 상상해 봐!
세상에 이름을 널리 알릴 운명이라고~

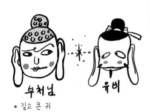

부처님 **유비**
• 길고 큰 귀

역시 내 예감이 맞았군.
사람이 큰일을 하려면
남의 말을 귀담아 들을 수 있는
그런 길고 큰 귀를 가져야 해.

옛날에도 그렇겠지만,
지금 시대에도 말하는 것보다
잘 듣는 게 정말 중요한 것 같긴 해. 딸깍!

그럼 관상에서 좋은 귀는 어떤 귀일까요? 우선 일단 귀는 정면에서 보았을 때 머리쪽에 붙어서 잘 보이지 않아야 합니다. 귀는 음덕의 기관이기 때문에 귀가 정면에서 봤을 때 너무 잘 보이게 되면, 얼굴의 나머지 부분이 시각적으로 분산되어 잘 안 보이게 됩니다. 따라서 귀는 그저 보좌 역할을 수행하는 비서처럼 얼굴 옆에 붙는 것이 좋습니다.

그리고 귀의 크기가 크고 길이가 길면 길수록 유리합니다. 귀가 크다는 것은 잘 들을 수 있다는 것을 의미합니다. 잘 듣는다는 것은 눈치가 빠르기도 하고, 정보력이 풍부하다는 것을 의미합니다. 부처님 귀를 보면 굉장히 크고, 삼국지의 유비 또한 귀가 길어서 어깨에 닿을 듯하다고 합니다. 귀가 크고 길이가 길면 세상에 이름을 널리 알리는 사람이 될 수 있습니다.

귀
귀로 보는 건강과 두뇌

어쩐지 유명한 사람들의 대부분은
귀가 유난히 큰 거 같더니.
그게 그냥 느낌만은 아니었네.

그래도 귀가 크고 길어도
사람마다 모양새는 조금씩 다르던데.
그 모양에는 무슨 의미가 있을까나?

요렇게 귀의 위는 둥그렇고
귀 아래 귓불은 두툼한 것이 최고!
넘치는 에너지, 활력이 넘치고 넘쳐!
귓불은 곧 두뇌, 두툼한 나는 천재~

귀의 상부가 둥그런 것이 좋다는 얘기.
그 이야기는 처음 들었네.
그래도 난 귓불이 두툼하고
큰 게 좋다는 것은 대충 알고 있었지.

지금 너와 나의 귓불을 비교하니
내 머리가 조금은 더 좋아 보인다는 사실.
굳이 네 아이큐를 안 물어봐도 딱 알겠네~

　얼굴에서 귀는 오장육부에서 신장의 기운과 직접 연결된 부위로, 신장의 상태를 알고자하면 귀를 잘 관찰하면 됩니다. 신장은 의학상 노폐물을 걸러내는 역할을 하지만, 동양 의학에서는 신장에서 모든 에너지의 원천이 있다고 봅니다. 귀가 좋으면 에너지 원천에 해당하는 이 신장의 기운이 확실하여 활력이 넘치는 사람이라고 봅니다. 그리고 신장의 기운이 튼튼하면 당연히 귀가 두껍고 단단합니다.

　조금 더 살펴보면 귀의 상부가 동그란 모양이면서 아래의 귓볼이 두툼하면 좋은 귀입니다. 귀는 사람이 엄마 뱃속에 거꾸로 있는 모습을 나타낸다고 합니다. 따라서 귓볼은 사람의 뇌에 해당하며 귀의 상부는 허리와 하체를 나타내므로 귓볼이 두툼하면 머리가 좋은 것을 의미하고, 상부가 동그란 모양이면 척추가 튼튼하다는 것을 나타냅니다.

귀

자비와 냉정 그리고 연예인귀

좋은 귀를 가졌다는 것은
귀가 크고 길어야 하고
귀의 위는 동그랗고 귓불은 두툼해야
한다는 거네.

그런 귀를 가지고 있지 않다고
다 나쁜 것은 아닐 거야.
다만 뭔가의 차이가 있겠지

하늘을 나타내는 귀의 윗부분!
동그란 나의 귀는 하늘의 너그러운 자비심을 가졌다고~

• 동그란 귀 위

감정에 좀 약해!
그래서 냉정하다는 얘기를 자주 듣는군~

• 뾰족한 귀 위

아… 뭣이 중헌디?…

귀 위가 둥그란 사람은 척추와
하체의 건강도 좋고
너그러운 마음씨를 가졌다는 거군.
일단 소개팅에서 난 귀부터 보는 걸로…흐흐

누가 내 이야긴…. 확 그냥!…

그렇지.
냉정하고 까칠한 남자는 내 타입이 아니니,
귀가 뾰족하면 아무리 좋아도 다시 한 번…

그럼 귀의 모양에 따른 성격을 함 보도록 하겠습니다. 우선 귀의 맨 위 부분이 둥근지 뾰족한지에 따라 구분을 해보겠습니다. 귀의 가장 윗부분은 하늘과 비교되어 둥근 귀를 가진 사람은 하늘이 갖고 있는 너그러운 자비심을 갖고 있다고 볼 수 있습니다. 이에 비해 귀 끝이 뾰족한 사람은 감정에 치우치지 않으면서, 한편으로는 냉철하기까지 해서 무섭다는 생각도 들 수 있습니다.

다음으로 귀 아랫부분에 해당하는 귓불이 큰 경우와 귓불이 거의 없는 경우도 있는데, 귓불이 크면 후덕하고 의식주가 풍부한 편에 속합니다. 귓불이 없는 경우라면 이성적 사고를 지니기는 했으나, 감정이 다소 마른 편에 해당하는 단점도 있습니다.

후덕하며 의식주는
걱정할 필요가 없다는!

• 큰 귓불

이성적이긴 한데
감성이 너무 없어서리!

• 작은 귓불

그리고 일명 연예인귀라고 불리는 귀 안쪽이 뒤로 뒤집힌 귀도 있습니다. 과거에는 이런 모양의 귀에 대해서 아주 혹평을 하는 경우가 많았습니다. 예전에는 연예인을 딴따라에 비유해서 폄하한 것과 마찬가지라고 보면 됩니다. 하지만 최근 제 경험에 의하면 그렇게 나쁘게만 판단할 것은 아니라는 생각이 듭니다.

집에서 살림은 NO!
연예인 귀를 가진
나는 적극적 사회활동을 해야 한다고~

• 연예인귀

요즘은 사회가 개방적이고 급변하는 시대이기 때문에 귀 안쪽이 뒤집힌 귀는 활발한 사회활동을 하는 사람에게서 많이 볼 수 있습니다. 여자인 경우 이런 귀를 가졌다면 집에서 살림만 하는 경우는 거의 없습니다. 혹시 여러분의 귀 모양이 이렇게 생겼다면 평범한 가정주부로 사는 꿈은 버리는 게 좋을 듯합니다.

팔자주름과 팔자 사이

팔자와 팔자주름이라.
근데 신기하게도 한자어가 같으니,
뭔가 연관성이
아주 조금은 있지 않을까?

팔자는 사람 한평생의 운수를 의미하고,
팔자주름은 그냥 얼굴에 나타나는
모양일 뿐인데, 너무 나간 거 아님.

양날의 검!
아름다움에는 영 아니지만,
운을 위해서는 필요하다는!

• 팔자주름

아이고! 내 팔자야~
이렇게 한탄들을 많이 하던데.
뭥미! 팔자주름은 좋은 거라니.

관상 강의를 하면서 많이 받는 질문 중에 가장 대표적인 것이 바로 여성의 팔자주름입니다. 관상에서는 팔자주름이라고 하지 않고, 법령이라는 용어를 사용하며, 이 법령은 젊을 때보다는 40세 이후에 서서히 생기는 것이 정상입니다. 법령은 말 그대로 법을 명령한다는 것으로 법령이 뚜렷하면 이런 권력을 가지고 있다고 보면 됩니다. 이 법령을 잘 살피면 그 사람의 지도력과 명예운 그리고 재물운까지 살펴볼 수 있습니다.

어찌 보면 법령은 관상에서 특히 여성에게는 양날의 칼과 같습니다. 미용을 생각하면 영 아니지만, 운을 생각하면 내버려두어야 하니 말입니다. 다만 기준점을 제시한다면 전업주부이거나 전업주부를 희망하는 사람이면 법령은 제거하는 것이 좋습니다. 그런데 직장인이고 명예를 꿈꾸거나 재물의 축적에 관심이 있는 사람이면 이 법령은 그냥 두는 게 좋습니다.

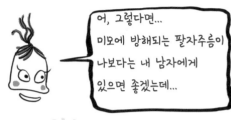

어, 그렇다면...
미모에 방해되는 팔자주름이
나보다는 내 남자에게
있으면 좋겠는데...

음.
아름다움이냐 내 운이냐~
이것이 문제로다!!!

• 입을 둘러싼 기 팔자주름

재물은 돛대를 달고 순항!
거기에 장수하는 내 운명이라~

휘오오...

• 짧은 팔자주름

재물은 대체 어디로 갔나?
거기에 의지박약이라~

뭐야!
팔자주름이 있다고 다 좋은 건 아니었네.
하긴 팔자주름 있다고 팔자가 다 좋으면,
그거야말로 말이 안 되겠지.

?

팔자주름이 있다고 다 좋은 것은 아닙니다. 팔자주름이라고 불리는 법령선은 사회적인 활동을 보는 곳입니다. 그 위치는 코끝 콧방울의 양쪽에서 시작하고 입가를 둘러싸면서 흘러내리는 선을 말합니다. 일명 세력선이라고 부르기도 하며, 크기가 크면서 진하면 자신의 세력이 그만큼 큰 것을 의미합니다. 미국 대통령 오바마의 법령은 참 진하고 크답니다.

앞서도 말했지만 법령은 40대에 접어드는 시기부터 자연스럽게 생기는데, 법령은 여자보다는 남자에게서 더 많이 볼 수 있으므로 여성분은 자신의 법령보다는 남자친구나 남편의 법령을 보는 것이 더 좋을 듯합니다. 우선 법령은 길면 길수록 좋습니다. 법령선이 길게 입을 둘러싸고 있다면 재물이 풍족하며 건강하게 장수할 상입니다. 반대로 법령선이 짧으면 권세가 낮으니 재물운이 약하고 무엇인가 하려는 의지가 약하여 쉽게 포기를 하는 경우가 많습니다.

팔자주름도 멋들어지게
생겨야 한다는 건데,
그럼 도대체 어떻게 생겨야 한다는 거지!

보기 좋은 떡이 맛도 좋다고!
이왕 팔자주름 생긴 거
최대한 보기 좋게 생겨야 하는 거 아니겠어~

• 길면서 뚜렷한 팔자주름

진정한 지도자, 리더!
하지만 찾기가 너무 어렵다는~

• 끊긴 팔자주름

팔자주름이 왜 끊겼지!
모든 일에 암초가~

• 두 개의 팔자주름

좋다는 팔자주름이 난 두 개!
여러 면에서 능력이 참 좋긴 좋은데~

팔자주름이 두 개면 두 개 이상의
직업을 가지고 있을 확률도 높고,
다방면에 능력이 뛰어나다는데.
남녀 문제로 보면 바람둥이라는 얘기 아닌감~

법령에서 가장 이상적이고 좋은 것은, 그 모양이 팔자형(八)으로 길게 나타나는 것입니다. 진정한 지도자의 감으로 볼 수도 있는데, 불행하게도 많은 관상을 본 저도 아직까지 이런 법령을 보지 못했으니 그냥 상상만 해야 하지 않을까 싶습니다.

다음으로 법령선이 한 쪽은 길고 한 쪽은 짧은 경우가 있습니다. 이런 법령은 직업의 변화가 잦고 주위 사람과 관계 맺는 것을 싫어하며, 척추의 건강이 좋지 않을 확률이 높습니다. 그리고 법령이 중간에 끊겼다면 일의 진행이 항상 더디고 마무리도 잘하지 못합니다. 얼굴에서의 주름이라는 선은 끊기면 불행합니다. 그곳이 이마이든 법령이든 간에 말입니다. 또한, 법령이 이중으로 있는 사람도 간혹 있습니다. 선이 두 개면 직업이 두 개인 경우가 많고 여러 가지 면에서 능력을 발휘할 수 있는 장점은 많습니다. 다만, 애정관계에서도 그럴 수 있으니 각별한 조심할 필요가 있겠습니다.

요컨대, 기본적으로 팔자주름이라고 불리는 법령은 여성보다는 남성에게 좋지만, 적극적인 사회 활동을 하고 직업을 가진 여성이라면 구태여 없애지 않는 것이 좋습니다. 위에 말한 나쁜 팔자주름이 아니면 말입니다.

신뢰의 척도, 치아

절대 입을 벌리지 않으면
볼 수 없는 그곳!
바로 치아인데,
여길 보고도 뭘 알 수 있나?

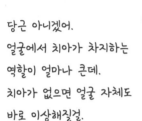

당근 아니겠어.
얼굴에서 치아가 차지하는
역할이 얼마나 큰데.
치아가 없으면 얼굴 자체도
바로 이상해질걸.

자고로 치아는 나처럼 크기도 일정하고
흰색이며 틈새가 없어야지,
학자로서도 사업가로서도 손색이 없다는 말씀!

충치가 많고 이빨이 쉽게 깨지면
뭐라고! 의지력이 약하고 골다공증도 조심하라고!

치아는 입안에서 음식물을 분쇄하는 것이 1차 목표이다 보니 단단해야 제대로 그 기능을 발휘할 수 있습니다. 관상에서의 치아는 오행상 금의 정기가 결집된 것으로 치아의 상태로 내 몸의 뼈의 밀도를 추정할 수 있는 중요한 자료를 제공합니다. 그래서 치아에 충치가 자주 생기거나 쉽게 깨지는 경우에는 본인의 뼈 밀도가 약하다고 볼 수 있습니다. 또한 관상에서는 뼈의 상태로 그 사람의 의지력을 알 수 있습니다. 따라서 자신뿐 아니라 남자친구, 그리고 남편의 의지력을 알고 싶으면 치아 상태를 확인하면 됩니다.

치아가 튼튼하고 아름다우려면 일단 크기가 일정하고, 흰 색을 띄어야 하며 틈새가 벌어져서는 안 됩니다. 이런 치아를 가진 사람은 의지력이 뛰어나서 학문의 분야뿐만 아니라 사업에서도 큰 성공을 하는 경우가 많습니다.

오호!
난 정말 좋은 치아를 가졌군~
근데 의지력 말고
더 좋은 이야기는 없남~

음...글쎄~
내가 듣자 하니 의지력이
강한 거 말고도
더 좋은 장점이 있다던데.

• 틈새가 없는 치아

나··믿지?

충효와 신의의 상징!
믿음을 절대 저버리지 않는 나~

• 틈새가 많은 치아

나····
···믿·지
?

어디 보자!
세상 모든 비밀은 내가 폭로하리라~

뭐! 치아에 틈새가 많다고~
낮말은 새가 듣고, 밤말은 쥐가 듣는다고.
제발 입조심 좀 해!

치아의 상태로 의지력과 더불어 충효와 신의를 보기도 합니다. 이것은 특히 치아가 벌어졌는지 아닌지로 주로 구분합니다. 치아의 틈새가 벌어지면 몸의 정기가 빠져나가는 것이니, 그런 사람은 신의가 없을 수 있습니다. 그리고 일을 시작해도 마무리가 약해 소위 작심삼일 스타일이 될 가능성이 많습니다. 특히 이런 사람에게 자신의 비밀을 털어놓았다가는 그건 더 이상 비밀이 아니게 됩니다. 다행히 요즘 치과에 가면 벌어진 치아 틈새를 감쪽같이 메우는 시술이 있으니, 본인을 포함해서 혹시라도 주변에 애정을 가진 사람이 이런 치아를 가졌다면 즉시 시술할 것을 권장합니다.

집 안 어딘가에 바람이 들어오면 아무리 보일러의 온도를 높여도 열 손실은 계속 발생합니다. 몸의 정기 손실은 바로 벌어진 치아에서 오는 것을 기억해야 합니다.

기본적으로 치아가 몇 개인 줄 알아?
치아는 많은 게 좋은 걸까,
적은 게 좋은 걸까?

대부분의 사람의 치아 개수는 28개 아닌가.
많고 적은 게 중요한 게 아니라
28개인 게 가장 좋은 거겠지. 아닌가?

36개로 바꿔줘!

틀니

콕

치아의 수가 36개이면 부귀하고,

32개이면 복록이 많으며,

30개이면 보통이고,

28개 이하면 가난한 삶을 살리라~

뭐야!
그럼 대부분 가난한 삶을 산다는 거야~
에이~ 이건 좀 아닌가 싶네!

관상학의 고전인 마의상법에는 실제로 "치아의 수가 36개이면 부귀하고, 32개이면 복록이 많으며, 30개이면 보통이고, 28개 이하면 가난한 삶을 산다."고 나와 있습니다. 결국 치아의 수는 많으면 많을수록 좋다는 이야기입니다. 물론 시대가 변해 우리가 거친 음식을 먹지 않으면서 진화의 한 과정으로 치아의 수도 점차 감소되었기에 저 수치는 현실성이 없습니다. 다만, 기본적으로 치아는 28개인데, 그보다 치아 개수가 많으면 관상학적으로 좋다는 것만 알면 될 듯합니다.

기타

치아로 보는 성격과 운명

치아에 틈새가 있고 없음으로만
보는 것이 끝이란 말인가?
치아 모양이 얼마나 가지각색인데~

맞아!
송곳니, 뻐드렁니 등등
치아 모양이 얼마나 다양한데,
이리 단순할 리는 없을 텐데~

부모님, 부부, 자식과의 관계가
영 좋지 못하다는 말씀!

• 위 치아가 벌어진 대문니

내 팔자에 남편운은 없다니!

• 뻐드렁니

여하튼 치아는 벌어진 게 정말 안 좋은 거군!
교정을 하든 라미네이트를 하든
치아를 좀 이쁘게 하러 가야겠네~

그럼 치아의 모양으로 운명을 좀 살펴보도록 하겠습니다.

우선 우리가 대문니라고 부르는 위쪽 치아가 벌어진 경우를 종종 볼 수 있는데, 이런 경우 어린 시절에는 부모님과의 사이가 안 좋고, 나이가 들어서는 부부 사이가, 노년에는 자식과의 사이가 좋지 않다고 합니다. 치아는 꽉 차 있어야 하는데, 특히 윗니를 대표하는 대문니는 치아 전체도 대표하기 때문에 벌어져 있으면 친한 사람과의 관계가 별로 좋지 않다는 것을 의미합니다. 대문니가 벌어져 있으면 웃을 때도 마음 놓고 웃지 못하니 여간 곤욕이 아닐 것입니다.

또한 윗니가 툭 불거진 모양의 소위 뻐드렁니가 있습니다. 뻐드렁니를 가진 여성은 특히 남편운이 좋지 않아 고생하는 경우가 많습니다. 치아 틈이 벌어지면 메우면 되는데, 뻐드렁니는 교정을 해야 하는 번거로움이 있습니다. 시간과 경제적으로도 부담이 되지만 인생이 바뀐다면 투자를 해야 하는 것이 맞습니다. 관상이 처음 이 세상에 등장하는 시기에는 라미네이트나 교정 등의 치과 기술이 없었기 때문에 개운할 수 방법이 없었지만, 다행히 오늘날에는 교정하는 방법이 생겼으니 미용학적으로도 아름다워질 수 있는 길이 열려 다행입니다.

이번에는 치아의 모양으로 성격을
좀 살펴보도록 하겠습니다.

　치아의 모양에서 대문니가 발달된 토끼 치아의 모양 또한 종종 볼 수 있습니다. 연예인 중에 서세원과 박준형이 이런 치아를 갖고 있지요. 이런 사람은 토끼처럼 남을 잘 긁는 성향이 있습니다. 한마디로 남을 피곤하게 하는 스타일입니다.

　그리고 옥니라고 해서 윗니가 안쪽으로 향해 있는 경우가 있는데, 이런 치아를 가진 여성은 의지력이 강하고 섹스에도 적극적인 장점이 있지만, 남자에게 쓸데없는 고집을 부려 다투는 경우가 많습니다.

갈때까지 가는 GO야

　참고로 여자보다는 남자에게 흔히 볼 수 있는 송곳니가 발달한 사람입니다. 송곳니가 발달한 동물들의 유형은 하나같이 육식성 동물인 경우가 대부분입니다. 이런 동물들의 송곳니는 잡힌 동물의 숨을 끊어 놓거나 생살을 찢는 역할을 합니다. 그래서 송곳니가 발달한 사람들은 한 번 마음먹은 것을 끝까지 하는 의지력의 소유자인 반면 성격이 다소 난폭할 수 있는 단점도 있답니다.

기타

턱으로 보는 성격과 운명

난 왜 이리도 얼굴이 크게 보이지.
실제로 그리 큰 편은 아닌데.
턱이 커서 그런가!

당연하지.
운은 모르겠지만 턱은 갸름해야
기본적으로 얼굴이 작아 보인다고!

턱이 좋으면 아랫사람의 운도 좋고
말년이 행복하다고!

그렇다면 얼굴이 작고 크게 보이는 것을 떠나서
말년에 복이 많은 턱이었으면 좋을 듯한데.
아직 노후를 걱정할 때는 아니지만~

　턱은 얼굴에서 가장 아래에 위치하면서 또한 얼굴의 모양을 최종적으로 완성시키는 역할을 합니다. 그래서 여성의 턱이 크면 왠지 얼굴이 커 보이고, 반대로 갸름하면 얼굴이 작아 보이기도 합니다. 사실 턱은 여자보다는 남자에게 비중을 많이 두게 되는데, 관상학에서 턱은 주로 아랫사람의 운을 보는 부위입니다. 그리고 턱은 얼굴을 삼등분하여 운명을 예측하는 삼정의 관법에서 주로 말년운을 나타내는 하정에 해당합니다.

그럼 어떤 턱이 좋은 걸까?
턱이 작아서 얼굴도 작게 보이는 그런 턱이
왠지 여자에게는 좋지 않을까?

신은 공평하다고 하니.
설마 얼굴까지 작아 보이게 하고
복까지 주지는 않았을걸.
분명 턱은 커야 좋은 걸 거야!

불굴의 정신력!
아랫사람과의 관계도 아주 좋다고~

• 큰 골격에 살집이 두퉁한 턱

의지박약!
내가 기댈 곳을 일단 찾자고~

• 작은 골격에 살집이 없는 턱

맞네, 맞아!
역시 신은 공평했어~
얼굴이 작아 보인다고 뽐내지들 마시라고!
흥~

턱으로 관상을 볼 때는 특히 골격과 살집을 봅니다. 골격이 있으면서 살집이 두툼하면 의지가 강하며, 지구력도 뛰어나며 특히 아랫사람과의 인간관계가 매우 좋습니다. 반면 턱의 골격이 작으면서 살집이 없으면 의지가 박약하고 남에게 의지하려는 성향이 강하게 나타납니다. 또한 턱의 생김이 넓으면 평소 마음이 여유가 있으며 행동은 신중하게 하지만, 턱이 좁은 사람의 경우는 심성이 좁고 변덕스러운 면이 있는 편입니다.

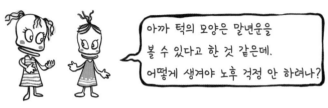

아까 턱의 모양은 말년운을
볼 수 있다고 한 것 같은데.
어떻게 생겨야 노후 걱정 안 하려나?

요즘 같은 세상에는
말년운이 좋아야 하는 법!
내가 듣기론 주걱턱이 가장 좋다고 하던데.
아니면 말고~

노후 걱정은 할 필요도 없다고!
말년의 운세는 길하리라~

• 큰 공격의 주걱턱

살이 쪄서 그런 게 아니라고!
나 같은 이중턱은 돈이 저절로 모인다고~

• 이중턱

주걱턱 또는 이중턱인 사람들!
당당하게 턱 내밀고 살자고~
미모에는 혹 도움이 안 되더라도
삶에는 도움이 된다니.

난 주걱턱도 이중턱도 보긴 봤지만.
그보다 각진 턱과 둥근 턱을
가진 사람을 많이 봤는데.

그렇지. 나도 그래.
턱은 각진 것이 좋을까?
아니면 둥근 것이 좋을까?
아예 뾰족한 턱이 더 좋지는 않을까?

에너자이저의 체력!
근데 모가 났네, 났어~

• 각진 턱

남자들의 사랑을 독차지!
그중에 한 명을 골라볼까~

• 둥근 턱

까칠까칠한 성격에 참을성 제로!
조심들 하라고~

• 뾰족한 턱

골격이 있으면서 턱의 모양이 앞으로 살짝 들린 주걱턱이라면 말년의 운세를 별 걱정하지 않아도 될 정도이며, 간혹 살찐 사람들에게서 나타나는 것으로 오해받는 이중턱은 금전운에서 별 걱정을 하지 않아도 될 좋은 턱이라 할 수 있습니다.

그리고 턱이 각이 졌는가 아니면 둥근가에 따라서도 성격이 나타나기도 합니다. 턱이 각진 모양이면 체력이 강하면서 인내력은 있지만, 고집을 피울 때는 장난이 아닙니다. 우리가 흔히 하는 말로 '모가 났다'는 것에서 모는 각이 졌다는 것을 의미한답니다. 반면 둥근 턱은 대인관계가 원만하고 애정도 풍부하여 남자들에게 사랑을 많이 받아 전체적으로 무난한 상이라고 보면 됩니다. 문제는 여성의 턱이 너무 뾰족한 것입니다. 이런 턱은 일단 신경질적일 가능성이 많고, 참을성이 약해서 다른 사람들과 의견 대립이 심할 수 있습니다.

제3장

내 관상 사용설명서

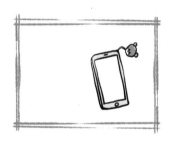

내 얼굴 점수 매기기

공부운

이제 이론 공부는 끝났으니,
배운 것을 토대로 내 얼굴 점수를
함 매겨 볼까나!

막상 거울을 보고 내 얼굴에 대한 평가를 한다니,
불길한 기운이 엄습하는 이 느낌은!
거기다 첫 번째로 내가 제일 싫어하는 공부운이라니~

바로 이곳에 당신의 공부운이 있노라!

이마

딸깍!

눈썹과 눈썹 사이

딸깍!

우선 10대에서 20대 초중반은 공부를 많이 해야 하는 시기이므로 공부운을 보려면 우선 이마가 넓고 커야 합니다. 일단 자신의 얼굴 중에서 이마가 차지하는 비중이 크다면 공부에 관한 한 점수를 높이 매겨도 됩니다. 이마는 일단 15에서 30세 운명이 지나가는 자리이고, 공부를 하는 환경을 만들어 주는 부모님의 운명을 함께 볼 수 있다고 앞서 설명했습니다. 부모님의 운명이 좋다는 것은 자식에 해당하는 내가 경제적으로 어렵지 않은 상황에서 공부를 할 수 있다는 것을 의미합니다. 그러니 이마가 좋으면 유복한 부모 밑에서 성장했음을 알 수 있습니다.

환경의 좋고 나쁨이 공부하는 데 분명 강한 영향을 미칩니다. 그런데 가정 환경이 좋아도 공부를 잘하는지 여부는 눈썹과 눈썹 사이에 해당하는 명궁의 상태를 보아야 합니다. 이 명궁이 도톰하고 빛이 나고 상처가 없으면 학습능력이 대단히 뛰어나다고 할 수 있습니다. 명궁은 좋은데 이마가 좁다면 어려운 환경 속에서도 공부를 잘하는 경우라 생각하면 됩니다.

90점

이마가 넓고 눈썹과 눈썹 사이가
도톰하고 빛이 나고 상처나 점이 없다.
공부로 출세할 확률이 높은 유형.

75점

이마가 좁으나 눈썹과 눈썹 사이가 좋다.
환경적 요인의 어려움을 딛고
공부를 잘하는 유형.

60점

이마의 크기도 눈썹과 눈썹 사이도
평범하다. 공부도 역시 보통으로
평균값은 하는 유형.

50점

이마는 좋으나 눈썹과 눈썹 사이가
좋지 않다. 공부할 여건은 충분했으나
공부에는 소질이 그다지 많지 않은 유형.

후한 점수를 주든
낮은 점수를 주든
그 판단은 오로지 나의 몫!

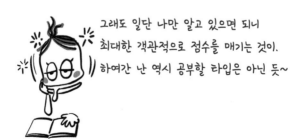

그래도 일단 나만 알고 있으면 되니
최대한 객관적으로 점수를 매기는 것이.
하여간 난 역시 공부할 타입은 아닌 듯~

내 얼굴 점수 매기기

직장운

공부만 잘한다고
취업하는 시대는 끝났다고!
직장운이 좋아야 사는 게 편하지~

그래도 취업을 위해 공부는 해야지.
물론 그렇게 공부해야 하는
현실이 좀 안타깝지만.

아쉽게도 공부운과 취업운의
관련성은 부인할 수 없노라!

이마

턱

  일반적으로 대학을 진학한 후 졸업하는 나이는 개인차가 있지만 대략 20대 중후반에 해당합니다. 요즘 기업의 인사채용 방식은 단순한 필기시험과 면접을 지양하고, 집단토론, 프레젠테이션 등 좀 더 심층적 방법을 통해 이루어지고 있습니다. 그래서 공부만 했다고 해서 취직이 잘 되는 것은 아니고, 오히려 다양한 인생의 경험을 한 사람이 취업에서 더 유리한 경우가 많습니다. 그래도 나의 직장운을 보려면 공부운과 마찬가지로 먼저 이마를 봐야 합니다. 앞서도 설명했지만 30세 이전의 운명은 이마가 많이 관여하므로, 이마가 좋으면 일단 취업은 잘 된다고 봐야 합니다. 그냥 평범한 샐러리맨을 원한다면 이마만 좋아도 할 수 있습니다.

  그런데 취업을 하고 난 후 고위직으로의 승진 여부는 이마만 보는 것이 아니라 턱을 같이 봐야 합니다. 더 높은 직급으로 승진하면 아랫사람을 거느리게 됩니다. 따라서 아랫사람을 나타내는 턱이 좋아야 취업해서도 승승장구할 수 있습니다. 예를 들어 학교에서 평생 아이들을 가르치기만 하는 평교사와 교장선생님의 차이라고 보면 됩니다. 이처럼 평교사라면 이마, 교장선생님이라면 이마와 턱을 함께 봐야 하는 것입니다.

90점

이마가 크고 넓으며 턱이 크고 두툼하다.
취업은 기본이며, 회사 내에서
승진도 잘되는 유형.

75점

이마는 좁지만 턱이 크고 좋다.
취업이 뒤늦게 되지만 일단 취업하면
회사에서 인정받는 유형.

60점

이마가 좁고 턱이 보통이다.
취업에 다소 어려움을 겪게 되는 유형.

50점

넓은 이마를 가졌으나 그곳에
주름살, 상처, 점이 있다.
취업 문제로 상당히 고생하는 유형.

취업난!
취업운이 좋든 나쁘든
그래도 열심히 도전하자고!

운칠기삼!
운이 중요하긴 하지만
노력과 내 능력이 더해지면
취업, 충분히 해낼 수 있을 거야~

아브라 카다브라~~~~~

엥!~

남자운

공부도 취업도 다 떠나서
난 멋진 남자 만나서 알콩달콩 살고 싶다고!
그게 내가 꿈꾸는 행복이지.

그렇지.
좋은 짝을 만나는 것이
최고의 행운이겠지!
그나저나 사랑하고 싶다고~

사랑과 전쟁!
눈 주변에 바로 남자운이 깃들어 있노라!

눈꼬리 딸깍!

눈 윗부분(눈두덩) 딸깍!

눈 아랫부분 딸깍!

배우자는 한 번 인연 맺기도 어렵지만, 설령 인연을 맺더라도 끝내기가 쉽지 않습니다. 사이좋게 알콩달콩 살면서 서로를 이해하고 배려를 하면서 사는 부부가 있는 반면에, 이혼과 사별을 통해서 일찍 부부생활이 마감이 되는 경우도 점점 늘어나는 추세입니다. 이처럼 인간이라면 한 번 쯤 겪어야 할 결혼생활에 관하여, 요즘은 회의적인 시각도 많이 늘게 되면서 독신을 고집하는 사람도 늘고 있습니다. 하여간 결혼에 대한 생각을 떠나 남자운을 보기 위해서는 눈 주변을 살펴야 합니다.

눈 주위에는 부부운을 볼 수 있는 자리가 유독 많은데, 가장 먼저 관찰해야 할 곳은 눈꼬리 부분으로 그곳에 해당하는 부위에 점이나 상처, 그리고 유난히 잔주름이 많으면 배우자 복은 별로 없는 경우에 해당합니다. 다음으로 눈 윗부분인 눈두덩이에(관상 용어로는 전택궁으로 밭과 집을 의미) 해당하는 부위를 살피는데, 이 부위가 유난히 튀어나오거나 움푹 들어간 경우 결혼 생활이 원만하지 못한 경우가 많습니다. 이곳이 너무 넓으면 집안이 휑하니 큰 경우로 혼자 있는 시간이 많고 대화가 없다는 것을 의미합니다. 움푹 파진 눈은 자연스럽게 눈두덩이를 이등분하게 되니, 밭과 집을 이등분 한다는 것은 부부가 각방을 쓰거나 아니면 남남처럼 사는 경우와 같다고 할 수 있겠습니다. 마지막으로 눈 바로 아랫부분(자녀궁)을 통해서 알 수 있습니다. 이곳이 마치 누에가 누워 있는 모양처럼 두툼하다면 부부사이는 별 문제가 없지만 점이나 상처, 주름이 유난히 많다면 자녀로 인해 부부사이가 멀어지는 것을 의미합니다.

90점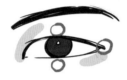

눈꼬리, 눈 윗부분, 눈 아랫부분이
깔끔하다. 남자운이 무척 좋으며
부부금슬도 매우 좋은 유형.

75점

눈꼬리와 눈 윗부분은 좋지만 아랫부분이
좋지 못하다. 남자운과 부부운은 있으나
자녀로 인해 다소 불화가 있을 유형.

60점

눈꼬리는 깔끔하지만 눈 윗부분이 두툼하거
나 눈 아랫부분이 두툼하지 않은 경우.
남자운이 나쁘다 할 수 없으나
그리 좋다고도 할 수 없는 유형.

50점

눈 윗부분과 아랫부분이 좋으나 눈꼬리에
잔주름 많고 점이 있는 경우나 세 부위의
합계 점수가 이럴 경우. 남자나 남편으로
인해 다소 고생할 수 있는 유형.

아! 결국 눈꼬리에 잔주름이 없으면
일단 남자운은
어느 정도 있다는 이야기네.

눈꼬리의 잔주름 요거부터
일단 처리해야겠다!
그리고 이곳의 점은 좀 빼는 걸로~

자녀운

일찍 결혼한 사람들 보니까
맨날 자식, 자식, 자식 하더라.
그렇게 자식이 좋을까?

당연히 내 자식인데 좋겠지.
나중에 자식복까지 있으면 얼마나 좋겠어.
무자식이 상팔자라는 말을 달고 살면
정말 골치는 아플 듯싶네.

자식이 웬수라는 말을 하지 않으려면,
눈 아랫부분과 턱이 좋아야 하느니라!

눈 아랫부분 딸깍!

턱 딸깍!

사랑하는 남녀가 교제를 하면서 서로의 믿음을 확인하고 나면, 많은 사람들의 축복을 받으면서 결혼을 하게 됩니다. 결혼을 하고 나면 두 사람의 사랑의 결실인 아이가 태어나는 것이 일반적입니다. 그렇게 생명의 탄생이라는 경이로운 순간을 맞이하면 본격적으로 엄마와 아빠로서 많은 책임과 의무를 갖게 됩니다. 스스로 성장해서 독립하는 그 순간까지, 아니 독립을 해서 따로 살더라도 부모와 자식과의 인연은 천륜이라 하여 끊어지지 않습니다.

앞서 남자운을 보면서 언급한 것처럼 부모의 입장에서 자녀운을 볼 때는 일단 눈 아랫부분을 보면 되며, 이곳이 살짝 도톰하게 올라온 것이 좋은 상입니다. 그래서 눈 아랫부분에 도톰한 살이 있는 사람은 똑똑한 자녀를 둔다고도 합니다. 요즘 이 부위를 애교살이라고도 부르기도 합니다. 하여간 눈 아랫부분이 멀리서 보면 마치 누에가 누워 있는 모습을 하고 있는 것이 가장 좋은 것이라고 합니다. 다음으로 봐야 할 곳은 바로 턱입니다. 턱은 그 사람의 말년의 운을 볼 때 가장 중요한 정보를 제공합니다. 말년이 좋다는 것은 일단 그 사람이 건강하기도 하고, 재물도 있어야 한다는 것을 의미합니다. 여기에 덧붙여야 할 것이 바로 자녀의 운입니다.

내가 말년이 되면 자녀는 어느 정도 성장해서 한창 사회생활을 할 나이가 됩니다. 우리가 세대 간 나이차를 30으로 보고 있으니, 내가 60대 이후 말년에 접어들면 자녀는 이때 직장생활을 하는 나이가 되지요. 자녀가 아무 탈 없이 직장생활을 하거나 자영업을 하든 경제적으로 무난하면, 말년의 부모는 걱정거리가 없습니다. 이처럼 나의 턱은 말년운과 자녀의 운을 함께 투영할 수 있는 곳입니다.

90점 ✓

눈 아랫부분이 누에가 누워 있는 모양과
함께 턱이 크고 좋다. 눈 아래 살이
두둑하면 우선 임신이 잘되며,
자녀 때문에 속 썩을 일은 없는 유형.

75점 ✓

눈 아랫부분에 살이 많지는 않으나
턱이 크고 좋다. 스스로 밥벌이를 할 수 있
는 경제력을 갖춘 자녀를 둔 유형.

60점 ✓

눈 아랫부분도 턱도 보통이다.
자년운은 나쁘지도 좋지도 않은
딱 보통으로 일반적인 자녀를 둔 유형.

50점 ✓

눈 아랫부분에 살이 거의 없고
턱이 작은 타입.
일단 자녀가 없을 확률도 있고
있어도 자녀로 인해 고생할 유형.

아직 자녀운까지 볼
나이는 아니니,
난 그냥 참고로만 알고 있어야겠어.

노세
놀아..

그러게 일단 지금을 살자고.
아주 먼 미래까지 생각하면
머리만 아프지 뭐!

내 얼굴 점수 매기기
사업운

청년 취업이 문제라서
요즈음 창업이 대세라는데.
사업운이 좋으면 직장운은 필요도 없지!

평생 직장이라는 말도 없어진 세상에
누구나 사업은 한 번쯤 할 테니,
사업운이 최고로 좋아야 할 것 같긴 해~

사업을 하려고?
그럼 네 턱을 좀 더 자세히 살피도록 하거라!

턱의 크기

턱의 방향

사람이 살아가는 데 있어 경제력 즉 돈이 차지하고 있는 비중은 말하지 않아도 다 아는 사실이고 돈을 버는 방법은 참으로 다양합니다. 어쨌든 돈을 버는 방법은 크게 직장형과 자영업형으로 나눌 수 있습니다. 소위 자영업이라고도 하고 사업이라고도 하는 운을 보려면 얼굴의 턱을 중점적으로 봐야 합니다. 턱은 관상에서 노복궁이라고 하는데, 현대적 의미로보면 부하궁 또는 아랫사람궁이라고 하면 될 것 같습니다. 일반적으로 혼자 하는 사업은 정말 흔치 않습니다. 만약 혼자 하더라도 누군가와는 협업을 해야 되는 것이 현실입니다. 따라서 진정한 사업운을 보려면 아랫사람의 운을 나타내는 턱이 좋아야 합니다. 턱이 좋으면 나를 따르는 사람이 많습니다. 정치인 중에도 턱이 좋으면 자기의 확실한 지지층이 있다는 것을 의미합니다. 그러니 턱이 좋은 사람이 사업을 하면 당연히 자기를 따르는 아랫사람이 많다는 것입니다.

턱이 좋은 사람이 사업을 하면 시간이 지나면서 회사의 규모가 날로 커질 수 있으며, 곳간의 규모도 함께 커 갑니다. 그래서 턱이 좋은 사람은 직접 현장에 나가서 일을 하지 않고, 지시만 해도 됩니다. 그래서 우리는 그 사람을 사장님이라고 부릅니다. 이런 사장님이 되는 턱은 일단 크고 위로 올라오는 모양을 하고 있어야 좋은 것입니다. 턱은 물을 가두는 제방이라고 생각하면 되는데 턱이 튼튼하면 제방이 무너지지 않는 것이고, 위로 올라온 모양이면 제방이 높은 것을 의미합니다. 이런 제방이라면 당연히 많은 물을 가둘 수 있게 되는 법입니다. 만약 턱이 뒤로 젖혀져 있다면 제방이 무너진 것과 같아 가급적 사업을 하지 않는 것이 좋습니다.

90점

턱이 크고 사각형이면서 턱의 방향도 입을 향하고 있다. 제방에 물이 가득 고이는 만큼 사업으로 큰돈을 많이 벌 유형.

75점

사각형은 아니지만 턱이 크고 방향이 어느 정도 입을 향하고 있다.
사업으로 아주 큰돈은 벌지 못하지만 어느 정도의 돈은 벌 수 있는 유형.

60점

턱이 어느 정도 크지만 다소 젖혀져 있다.
사업적 성공은 가능하나 훗날 아랫사람에게 배신을 당하거나 잘못된 투자로 한순간에 무너질 우려가 있어 항상 주의를 기울여야 할 유형.

50점

턱도 작고 젖혀져 있다.
직접 사업을 하기보다는
ㄴ인자의 역할이 더 어울리는 유형.

사각턱에 턱이 너무 입으로 향해 있어
항상 불만이었는데,
이제 그 불만은 접도록 하겠어!

네 턱을 보니,
너랑 아주 친하게 지내야겠다는
생각밖에는~
난 사업 같은 거 안 할란다!

내 얼굴 점수 매기기
재물운

꼭 취업하고 사업을 해야
돈을 버는 것은 아니지.
부동산, 주식, 로또 등 돈을
버는 방식이야 많으니.

재테크의 세상!
결국 재물운이 얼마나 있느냐가 관건~
횡재수라도 있으면, 더할 나위 없다는.

재물을 원하거든 코와 광대뼈에
신경을 쓰도록 하거라!

코의 크기 딸깍!

코의 모양 딸깍!

광대뼈의 높이 딸깍!

사람이 살아가는 데 있어서 정말로 필요한 것이 바로 돈입니다. 특히 자본주의 사회에서 이 돈은 곧 그 사람의 능력을 의미하고, 권력을 탄생시키기도 합니다. 말도 안 통하는 세계 어느 곳을 가더라도 돈만 있으면 거의 다 해결됩니다. 호화스런 생활을 한 번 누려보고자 오늘도 복권을 사는 사람들이 여전히 있고, 한편으로는 안 되는지 알면서도 도박의 중독에서 벗어나지 못하는, 이처럼 우리를 웃고 울리게 하는 것이 바로 돈입니다.

이렇게 삶에서 중요한 돈 복, 즉 재물복이 있는가를 보기 위해서는 코의 크기, 코의 모양, 광대뼈를 유심히 봐야 합니다. 일단 흠집이 하나도 없으면서 윤택이 있고, 그 크기가 얼굴에서 너무 과하지도 모자라지도 않는 코를 가졌다면 일단 재물복은 있는 것으로 봐야 합니다. 흠집이 없다는 것은 점이나 상처가 없는 것을 의미합니다. 다만 적당한 크기의 코라는 것의 기준이 문제입니다. 코를 마치 물건을 담는 포대로 비유하면 쉬울 것입니다. 코가 크면 일단 많은 물건을 담을 수 있습니다. 그런데 너무 많이 담겨 있어도 혼자 나를 수 없는 무게라면, 상황은 달라집니다. 많이 담았는데 가져갈 수 없다면 그것은 내 것이 아닙니다. 그래서 코만 너무 크면 재물에 대한 욕심만 많을 뿐 실제 재물은 많지 않습니다.

90점 ✓

코가 적당히 크며 상처가 없고 코의 모양이 좋고 광대뼈가 코를 잘 받치고 있다. 뭘 해도 재물이 들어와 돈 걱정은 할 필요도 없는 유형.

75점 ✓

코가 적당히 크나 점이나 상처가 있지만 광대뼈가 좋다. 항상 필요한 만큼의 재물을 소유하고 있어 큰 걱정을 할 필요는 없는 유형.

60점 ✓

코는 다소 작으나 흠집이 없고 광대뼈가 잘 받치고 있다. 노력에 의한 재물의 대가는 반드시 받아 돈에 대한 스트레스는 많지 않은 유형.

50점 ✓

들창코면서 코가 작고 흠집이 많고, 광대뼈가 좋지 않다 등등. 경제관념이 다소 떨어지고 돈이 잘 모이지 않아 돈 걱정을 많이 하는 유형.

적당한 코의 크기와
그 코를 받치는 광대뼈만 좋아도
재물운은 좋다는 말이지.

어떻든 조금이라도 재물운을 높이려면
코에 점이나 흠집은 좀
없애는 게 좋겠네!

추가로 결정적인 것이 바로 포대에 난 구멍, 콧구멍의 방향입니다. 만약 들창코라면 포대에 쌀을 가득 담아도 운반 과정에서 많은 쌀이 그 구멍으로 빠져나가게 됩니다. 이와 같이 들창코를 가진 사람은 쌀포대에 구멍이 난 것이라고 생각하면 쉽습니다. 즉 자기도 모르는 지출이 많다는 것입니다. 참고로 한 가지 팁을 드리면 이런 코를 가진 사람은 욕심이 별로 없어서 자기 것을 남에게 잘 베푼답니다. 그러니 돈이 생기면 사람들을 불러서 맛있는 것도 사주고, 돈을 빌려 달라고 하더라도 흔쾌히 빌려 주기도 합니다. 내 코가 들창코면 경제관념이 없는 것이지만, 주변에 다른 사람이 들창코이면 역설적으로 내가 많은 혜택을 보게 됩니다. 재물과 관련한 타인의 불행이 나의 행복이라는 아이러닉한 상황이 연출되게 됩니다.

이미 내 얼굴은 정해져 있는데,
관상의 점수를 높인다는 것은 뭔 소리임.
성형을 하라는 말인가?

좋은 관상을 갖기 위해 성형하는 경우도 있다던데.
그래도 성형까지 굳이 할 필요가 있겠어.
우리에게는 분장이라 불리는
화장술이 있다는 말씀!

> 취업을 하려고! 그러면 내 말을 명심하고
> 다음 나열된 부위에 더 많은
> 신경을 쓰도록 하거라~

헤어스타일 딸깍!

코와 광대뼈 딸깍!

눈썹 딸깍!

입술 딸깍!

여자의 변신은 무죄라니까,
일단 취업운을 높여 주는 모습으로
변신 좀 해보자고~

이거 정말 궁금하네.
메이크업으로 내 운을 상승시킬 수 있다니!
하여간 면접 보러 갈 때 난 이렇게 가야지~~

12년간의 초중고 과정을 거치고 다수가 대학 졸업을 하면 이제 어떤 방식으로든 직장을 가지게 됩니다. 직장이라는 사회에 첫발을 들여놓기 위한 준비과정으로 우리는 면접을 보게 되는데, 이 면접의 비중이 예전보다 점점 더 높아지는 것을 알 수 있습니다. 그전의 입사방식은 주로 소위 말하는 스펙에 비중을 두다가 이 방식이 문제점을 드러내기 시작하면서, 심층면접이나 집단면접을 통해 정말로 회사에 필요한 인재를 뽑기 위해 노력을 하고 있습니다.

그런데 같은 조건에 같은 상황이라면 어떤 복장과 이미지를 갖고 인사담당자와 첫 대면을 하느냐에 따라 결과가 좋을 수도 나쁠 수도 있습니다. 이렇게 된다면 스펙은 말 그대로 예선에 해당하고, 면접은 최종 본선이라고 할 수 있습니다. 최종 본선에 임해서 좋은 결과를 가져오는 관상 메이크업이 있다면 정말 수월하지 않을까요? 저는 오랫동안 각 기업의 인사담당자들과의 사전 교감을 통해 분명 첫 이미지가 면접에 상당한 영향을 미친다는 사실에 주목해 왔습니다. 이것을 저는 관상 메이크업이라고 부르는데, 특히 취업에서 성공을 부르는 메이크업이 있어서 소개를 하고자 합니다.

복장은 너무 튀지 않으면서 화려한 색깔은 피하는 것이 기본 중의 기본입니다. 그리고 면접관들이 자세히 보는 것은 그 사람의 얼굴과 대화를 통한 마인드이니, 특히 여자분들은 다음에 나오는 사항을 꼭 기억하기 바랍니다.

우선 헤어스타일이 첫 번째!
머리 스타일에 따라 사람의 모습이
제일 많이 달라진다고~

맞아!
면접 전 미용실 가는 것은
기본 중의 기본이지~

• 턱 쪽으로 모인 헤어스타일

• 밖으로 뻗는 헤어스타일

단정하고 안정된 느낌!
머리가 길든 짧든 이런 형태로
안쪽으로 감기는 헤어스타일이어야
첫인상에서 좋은 점수를 딴다고!

머리카락이 밖을 향해 있는 것은
단정하지 못하다는 느낌과 함께
자기 의사 결정력이 약하다는
느낌을 주니 이런 머리는 절대 금물!

• 이마가 보이는 헤어스타일

• 이마를 가리는 헤어스타일

이마는 취업과 밀접한 관련이 있고
이마가 훤하게 드러날 경우
다른 부위도 잘 보이는 시너지 효과를
얻을 수 있다고!

이마가 넓고 크다고 해서
머리카락으로 이마를 가리는 경우가
많은데 이마는 취업과
연관된 부위라 보이는 것이 좋다고!

헤어스타일 다음에 중요한 포인트는 눈썹!
눈썹은 눈을 돋보이게 하고
전체적인 인상을 좌우한다는 사실~

일단 취업을 위해서는
헤어스타일, 이마, 눈썹 등등.
이렇게 위에서 아래로 중요도가 높나 보네!

위-아래-위.위-아래—

• 눈을 덮고 안정된 두께의 눈썹

눈썹의 두께는 사람의 얼굴 크기에
따라 달라서 정형화하기 어렵지만
기본적으로 2~3m 거리에서 봤을 때
안정감이 느껴지게 하고,
연한 검정톤이 좋다고!

• 눈을 덮지 않은 눈썹

눈썹이 눈을 덮지 않으면
관상에서는 주변에 인복이
없다고 하는 것처럼
좋은 인상을 주기 어렵다고!

• 초승달 눈썹

• 끝이 살짝 아래로 처진 눈썹

면접에서 더 좋은 인상을 주기
위해서는 눈썹이 일자로 뻗어가다가
3분의 2 지점에서 살짝 끝이 아래로
그려져야 눈이 생기가 있고
총명해 보인다고!

• 일자 눈썹

초승달 눈썹은 너무 유순한
인상을 주어 면접에서는
피하는 게 좋고 일자 눈썹은
다소 사납다는 인상을 줄 수 있어
피하는 게 상책!

그럼 이번 차례는
코와 광대뼈 부분일 듯!

이 부분은 좀 어려울 것 같은데.
어떻게 변화시켜야 취업운을
더 좋게 할 수 있지?

• 광대뼈가 코를 받치는 모양

코는 얼굴의 중앙에 위치해서 기본적으로
빛이 나야 하지. 그렇다고 코만 집중적으로
환한 톤으로 화장을 하는 것이 아니라
광대뼈가 코를 돋보이게 하는 화장법이 좋다고!

코가 너무 높아도 콧대가 높아 보이기
때문에 이럴 경우에는 광대뼈의 볼터치를
환하게 해서 상대적으로 코를 낮아
보이게 해야 한다고!

• 코가 높다면

이럴 경우 코를 두드러지게
광대뼈 부위를 다소 어둡게 하고
코를 환하게 해서 코가 높아
보이게 하는 화장법이 필요하다고!

• 코가 낮다면

화장의 마지막은 바로 입술!
입술을 어떻게 만들어야 좋을까?

립스틱 짙게 바르고~ ♪
이건 왠지 아닐 듯싶어!

• 연한 핑크색 입술

면접관이 입에 너무 집중되지
않도록 가급적 연한 핑크색 입술로
해야 너무 튀지도 않으면서
자신감도 있어 보인다고!

• 빨간색 입술

짙은 붉은색 입술은 자신감은
충만하지만 자칫하다가는 좀
가볍다는 느낌을 줄 수 있어
면접 볼 때는 나쁜 영향을 준다고!

• 살짝 올라간 입꼬리에 사각형의 아랫입술

입꼬리를 살짝 올라가게 하고
아랫입술을 사각형으로 만드면
얼굴이 전체적으로 안정된 듯한
느낌이 들어 좋다고!

• 라인에 맞춘 동그란 입술

입술 라인을 따라 동그랗게 하는
화장을 하면 안정감이 부족!
얼굴의 완성은 턱이고 그 턱선의
중심을 잡는 것이 바로 입술이기에
최대한 안정감을 줘야 한다고!

내 얼굴 점수 높이기
사랑 전선 이상무

난 요즘 세 가지를 느낀다고!
첫 번째는 외로움,
두 번째는 외로움,
세 번째는 외로움.

사랑 고프다구~~ ㅠㅠ

나도 하고 싶은 게 있다고!
사랑을 정말 하고 싶은데.
애정운을 상승시키는 비결은 뭐 없나?

> 연애도 결혼도 하고 싶다면 당신의 눈가,
> 즉 눈꼬리를 아름답게 하거라!

● 눈꼬리에 점 또는 상처

눈꼬리에 점이나 상처는
당신의 사랑을 방해하는 장애물!
점은 가급적 빼고 상처나 주름은
화장을 통해 최대한 보이지 않게 하고
생기 있고 도톰해 보이는 색조화장은 필수~

세상에 사랑만큼 아름다운 것은 없으니
조금 더 친절히 설명하겠느니라!

• 눈꼬리가 살짝 올라간 초승달 눈썹

눈썹은 초승달 모양으로 해서
눈가를 안정적이게 하면
현모양처의 이미지를 주고
눈꼬리는 아주 살짝 올라가는 느낌을 주고
밝은색으로 터치를 하면
당신의 사랑은 곧 이루어진다고!

• 눈꼬리가 많이 올라간 일자 눈썹

아이라인으로 눈을 선명하게 하는 것은
괜찮지만, 눈꼬리를 지나치게 올리면
배우자궁이라 하는 곳을 자꾸 자극하여
행복했던 사랑도 없어진다고.
그리고 일자 눈썹을 하고 다닌다면 그냥
난 독신주의자라고 떠들고 다니는 셈이라고.

사람들은 결혼 전에
사주로 궁합을 많이 보던데,
관상에서는 궁합은 볼 수 없나.

얼굴 궁합이라.
관상으로 본다는 이야기를 얼핏
들은 거 같기도 하고 아닌 거 같기도 하고.
하여간 난 잘 모르겠네!

흔히 부부나 연인을 보고 우리가 하는 말들이 있잖아!
"두 분 잘 어울리네요.",
"어머 두 분은 마치 남매같이 많이 닮았어요."
이 말이 어쩌면 관상에 의한 궁합 아닐까?

뭔가 어울려 보이고 닮았다면,
좋은 궁합이라는 건가~
너무 맥락 없이 막 가는 거 아냐!

궁합을 보는 방법은 여러 가지가 있듯이 관상으로도 궁합을 볼 수 있습니다. 특히 관상에 의한 남녀 궁합은 어려운 것이 아닙니다. 주위에서 나와 살고 있는 사람이나 교제하는 사람을 보고 어울린다고 하는 말이 많이 들리면 일단 관상에 의한 궁합은 맞다고 봐야 합니다. 하지만 일반적으로 생각하는 것과 조금 다른 것은 두 사람이 서로 다른 유형일 때 가장 애정의 밀착도가 높다는 것입니다.

그 유형 중에서 가장 많이 보는 유형이 키 큰 사람과 작은 사람과의 결합과 비만형의 사람과 마른 체형의 사람의 결합입니다. 이런 커플들은 주위에서 참 많이 접하게 됩니다. 다만 처음에는 너무나 이질적인 성향을 띠므로 다투는 일도 많지만, 시간이 지날수록 서로를 배려하고 이해하는 마음이 커지게 됩니다. 이상 설명한 내용은 주로 관상 궁합에서도 체형에 관계된 것이라면, 얼굴에 의한 궁합을 보는 방법도 있습니다. 체형을 통한 궁합도 결국 얼굴을 통한 궁합에서 확장되는 것으로 보면 됩니다.

키가 큰 사람과 작은 사람.
뚱뚱한 사람과 마른 사람.
이건 아주 쉽게 구별되는데~
이렇게 다른 모습일 때
궁합이 잘 맞단 말이지.

근데 그건 얼굴이 아니잖아!
정확히 말해 얼굴로 보는 궁합은 아니잖아!
설마, 이게 다는 아니겠지~

아주 쉽게 사람의 얼굴을 세 가지 유형으로 구분해서 궁합을 볼 수 있느니라.
겨우 세 가지라고 해서 실망한 건 아니겠지? 내가 지금까지 본 경험에 의하
면 상당한 신빙성이 있다네. 내 이야기를 마저 듣고 한번 주변의 커플들에게
적용해 보거라!

• 역삼각형

• 둥근 계란형

• 네모난 사각형

내 얼굴은 이마가 큰 역삼각형 유형!

우선 당신은 부유한 환경에서 자랐을 가능성이 많고, 공부나 예술 등에 관심이 많습니다. 순발력과 재치가 뛰어난 장점이 있으나, 반면 체력이 약해서 어느 일을 오랫동안 하지는 못합니다. 가정에서도 일을 미루었다가 한 번에 하는 성향도 있어서, 이것을 싫어하는 남자를 만나면 자주 다투게 됩니다.

이런 당신에게 가장 잘 어울리는 남자는 네모난 얼굴을 가진 사람입니다. 이마보다는 턱이 발달한 사람들이 네모난 얼굴일 가능성이 많습니다. 이런 남자들은 성격이 단순하고 체력이 좋아 역삼각형 얼굴을 가진 여성들이 갖고 있지 못한 능력을 충분히 보완해 주기 때문에 이상적 커플이라고 하겠습니다.

만약 역삼각형 유형의 여성과 남성이 함께 살거나 교제를 한다면 처음에는 대화가 잘되어 서로가 잘 맞다고 생각합니다. 그러나 시간이 흐를수록 자신이 하기 싫은 일을 서로에게 떠넘기려고 하는 일지 잦아지면서 다투는 일이 많아집니다. 이런 남성은 몸이 마른 유형이 많기 때문에 힘 쓰는 일에 적합하지 않습니다. 혹시 이런 분과 교제한다면 심각하게 고민을 해보기 바랍니다.

내 얼굴은 둥근 계란형 유형!

내 얼굴이 둥그런 계란형이라면 어떤 얼굴과 궁합이 잘 맞을까요? 일단 이런 유형의 여성은 다른 어떤 유형과도 잘 어울리기 때문에 특별히 신경을 쓰실 필요는 없습니다. 글자 그대로 세상을 둥글둥글하게 살기 때문입니다. 이렇게 계란형의 여성들은 혹시 다투는 일이 있어도 금세 화해를 해서 냉전기간이 오래 가지 않습니다. 그래서 많은 남자들에게 호감을 받는 타입이기도 합니다.

이런 유형의 남자들은 식성이 까다롭거나 흔히 하는 말로 '성질이 까칠한' 경우가 많은데, 이런 남자들도 당신은 잘 보듬고 헤쳐 나갑니다.

활동성이 강한 얼굴이 네모난 유형의 남자에게도 맛있는 음식을 잘 만들어 주고 밖에 나가서 열심히 활동할 수 있도록 내조를 잘합니다. 그래서 이런 유형의 여성은 사랑을 받을 수밖에 없답니다.

내 얼굴은 네모난 사각형 유형!

이런 유형은 여성에보다는 주로 남성에게서 많이 보입니다. 턱이 발달하면 자연스럽게 얼굴 모양이 사각형으로 되는데, 이런 여성들은 남성성이 강한 것이 특징입니다. 역삼각형 유형의 여성이 주로 정신노동의 직업군과 어울린다면 이런 사각형 유형의 얼굴은 주로 육체노동의 직업군과 어울립니다. 애교가 별로 없고 남편이나 남자 친구의 능력에 상관없이 자기가 맡은 일은 끝까지 책임지고 하는 스타일로 오늘 할 일은 내일로 미루는 법이 없습니다.

여자의 얼굴이 사각형의 유형이면 일단 역삼각형 유형의 남자와 잘 어울린다고 봅니다. 이런 남자는 체력이 약한 반면 머리가 좋아서 조금은 단순하다고 할 수 있는 사각형 유형의 여자에게는 오히려 어울린다고 하겠습니다.

남자도 사각형의 얼굴이라면 둘 다 애교가 별로 없는 무뚝뚝한 타입이라 두 사람의 관계는 한마디로 의리로 살고 교제하는 것입니다. 하지만 자기가 할 일에 최선을 다하는 사람들이 만났으니 여유 있는 삶은 살 수가 있으나, 알콩달콩한 맛은 별로 없습니다. 이런 부부는 함께 자영업을 하는 경우가 많습니다. 재미있는 삶을 살기 위해서는 아이들의 애교가 필요해 보입니다.

그 친구 옆에는 늘 사람이 많고,
저 친구 옆에는 왠지 사람이 없는 것 같아!
뭔가 다른 이유도 있겠지만,
첫인상에 대한 부분을 무시할 수는 없을 듯~

그러게!
첫인상이 좋아야
일단 주변에 사람이 많고,
인기가 많을 수밖에 없겠지.

내가 어디서 봤는데,
사랑의 첫인상은 10초 만에 결정되고,
그 첫인상을 바꾸기 위해서는
40시간 이상이 필요하대.

역시 첫인상이 인기의 비결!
근데 그거 알아?
첫인상은 외모가 55%, 음성이 38%,
언어가 7%를 차지한대. 그럼, 내 첫인상을
어떻게 좋게 만들 수 있을까?

그럼 첫인상을 좋게 하여 호감을 받게 하는 방법을 알아보도록 하겠습니다. 앞서 첫인상을 좌우하는 요소 중에서 외모가 55%를 차지한다고 했습니다. 그럼 외모 중에서도 사람들은 어느 부위를 중점적으로 보게 될까요? 연구 결과에 의하면 눈이 47.2%, 얼굴 전체가 24.2%를 차지한다고 합니다. 다음으로 몸매가 4.3%, 키 3%, 헤어스타일 2.8% 순이라고 합니다. 결국 눈과 얼굴, 헤어스타일이 차지하는 비중이 거의 전부인 것을 알 수 있습니다.

앞서 말했듯이 첫인상이 좋으면 상관없지만, 혹시라도 상대방이 나의 첫인상에 대해 불만이 생기면 그것을 바꾸게 하려면 상당한 시간이 걸리게 되므로 조금만 더 신경을 써서 상대방에게 호감을 가는 얼굴을 만드는 것이 좋습니다. 자, 그럼 지금부터 어떤 식으로 얼굴을 변화시켜 첫인상을 높일 수 있는지 알아보도록 하겠습니다.

지금부터 설명하는 순서로
신경을 쓰면
첫인상이 좋아 보인대!

우선, 얼굴을 최대한 작게 보이도록~
여성의 얼굴이 작아 보이면
자연스럽게 머리와 신체비율이 좋아
보이는 착시현상이 일어나게 되지!
그러려면 역시 머리카락이 안쪽을 향해야
얼굴이 작아 보인다는 사실!

음. 딱 봐도
얼굴 크기에 차이가~

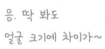

딸깍!

 다음은
마음의 창이라고 하는 눈!

눈이 너무 동그랗거나 커 보이면
오히려 첫인상이 안 좋게 보일 수 있어서,
약간 가늘고 길게 아이라인을 그리고
눈가 끝을 살짝 올리고 연한 분홍색조로
터치를 하는 것이 좋다네!

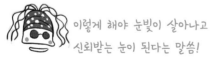 이렇게 해야 눈빛이 살아나고
신뢰받는 눈이 된다는 말씀!

 딸깍!

얼굴을 작게 보이게 하고,
눈은 크지 않고 가늘게 보이는 것이
좋다는 거지!

그렇지.
그리고 다음은 바로 입술이야!
입술이 튀어나와 보이는 것은 좋지 않아서
립스틱 색상에 신경을 많이 써야 해~

기본적으로 약간이라도 튀어나온 입이라면
입술에 보라색과 붉은색의 립스틱으로
입이 튀어나오게 보이는 화장은 절대 하지 말도록!

윗사람이나 중요한 자리이면
옅은 갈색톤을,
부담이 없는 자리라면
분홍색이 무난하겠네!

그리고 마지막으로
턱선이 너무 각이 지면 여성스러움이
떨어져 좋지 않대.
그래서 화장을 할 때,
화장붓으로 코를 중심으로 얼굴의 안쪽으로
마치 빗질을 하듯이 해서
턱선을 부드럽게 하는 것이 중요하다고~

내 얼굴 점수 높이기
재물 걱정은 그만

재물복은 타고난다는데,
이 재물복을 높일 수 있는 방법이 있다고?

아까 보니까
재물복은 코에 많은 비중이 있다는데.
코를 어떻게 하면 좀 좋아지지는 않을까?

> 어허! 너무 재물복만 생각하지 말고,
> 돈을 잘 쓰는 법도 잘 생각해 보거라!

갑부가 많기로 소문난 유대인들은
돈을 버는 법이 아니라
돈을 쓰는 법부터 배운다네.

그렇단 말이지.
돈만 너무 밝히지 말고 잘 관리하고
잘 쓰는 것도 일종의 재물복을 높이는
방법이겠네.
그래도 난 관상학적으로도
재물복을 높이고 싶다고~

사랑의 재물복은 타고 나는 것도 있겠지만, 얼마나 잘 관리하는가도 참으로 중요합니다. 전 세계적으로 갑부가 많기로 소문난 유대인들은 어릴 때부터 돈을 쓰는 법부터 배운다고 합니다. 똑같은 돈을 쓰고도 주위의 칭찬을 받는 사람이 있는가하면, 누구는 욕을 먹는 사람이 있는데 왜 이런 일이 생길까요? 바로 돈을 쓰는 타이밍에 있지 않나 싶습니다.

하여간 돈에 관한 모든 운명은 일단 코를 통해 보는 것이 일반적입니다. 코가 아름다우면 돈을 써도 칭찬을 받으며, 코가 못생기면 돈을 쓰고도 욕을 먹는 경우가 많습니다. 또한 코가 아름다우면 돈을 모으기도 쉽고, 코가 못생기면 돈을 모으기도 어렵습니다. 하여간 돈이 잘 따르지 않는 코를 가진 사람에게 재물운을 상승시키는 방법을 한번 찾아보도록 하겠습니다.

지금까지 쭈~욱 보니까
재물복이 없는 얼굴은 코의 모양이
안정적이지 못하거나
코에 상처나 큰 점이 있거나,
콧구멍이 훤히 들여다보이는 코인 듯한데~

그러면 이런 코에 약간의 변화만 줘도
뭐라…? 재물복이 상승하지 않을까?

코뿐 아니라 얼굴에 있는 점과 상처는 제거하거라!
단, 눈썹 안의 점은 유지해야 하느니라~

이 점은 일단 없애고~
상처는 어떻게든 안 보이게~

콧구멍이 드러난 나는
콧구멍이 잘 보이지 않도록
콧대를 환한 톤으로 하고,
콧방울은 상대적으로
약간 어둡게 하는 게 좋겠네!

화장을 통해 얼굴을
살짝 변화시켜도
재물복을 높일 수 있다면,
코 화장에 시간을 좀 더 늘리는
투자 정도는 기본적으로 해줘야지!

내 얼굴 점수 높이기
자식덕 좀 볼까

내 복도 내 복이지만,
나중에 자식덕 좀 보는 것도
나쁘지는 않을 것 같은데!

100세 시대에 자식복 없으면,
정말 큰일이지, 큰일이야~
자녀복을 높이는 것도
굉장히 중요한 문제지!

눈 밑에 도톰한 부분인 와잠이라고 하는 곳이
적당히 크고 빛이 나야 자녀덕 좀 볼 수 있으리라!

• 눈 밑에 도톰한 부분

이제는 다 알겠지만
이곳에 나의 자녀운이 있다는 사실!

• 누에가 눈 밑에 누워 있는 모습

빛이 나고 적당한 크기인
당신은 자녀복은 쓸데없는 걱정!

• 눈 밑에 기미

임신과 출산 후에 눈 밑에 기미가
끼는 경우가 많은데,
몸이 충분히 회복되었으면
기미를 완전히 제거하거라!

• 눈 밑에 다크서클

다크서클이 심하면 일단
신장의 건강을 점검하거라!
그리고 다크서클은 수단과 방법을
가리지 말고 철저하게 가리도록!

눈 밑은 바로 내 자녀의 운을 보는 곳이니,
이곳이 어두우면 자녀의 운이
곧 막힌다는 거겠네~
환한 색조 화장을 해서라도
이곳에 마치 빛이 들어오게 해야겠어!

얼굴이 뭐라구?
2030 여성을 위한 내 관상 사용설명서

글 　　이기선
그림 　김태선
디자인 김태선
발행일 2017년 2월 14일 초판 1쇄
발행처 다반 　**발행인** 노승현 　**출판등록** 제2011-08호(2011년 1월 20일)
주소 　서울특별시 금천구 가산디지털1로 196 1003호(가산동, 에이스테크노타워
10차)
전화 02) 868-4979 　**팩스** 02) 868-4978
이메일 davanbook@naver.com
블로그 blog.naver.com/davanbook
페이스북 www.facebook.com/davanbook

ISBN 979-11-85264-18-9 03150